Silvia Regelein

Lernspiele im Mathematikunterricht

Neue Lernspiele für die Grundschule

Oldenbourg

PRÖGEL PRAXIS 130

Die Deutsche Bibliothek – CIP-Einheitsaufnahme

Regelein, Silvia:
Lernspiele im Mathematikunterricht : neue Lernspiele für die Grundschule / Silvia Regelein. - 6. Auflage - München : Oldenbourg, 1997
(Prögel-Bücher ; Bd. 130)

6. Auflage 1997 02 01 00 99 98 97 R

Herstellung: Fredi Grosser
Textzeichnungen und Umschlaggrafik: Eduard Wienerl, München
Satz, Druck und Bindearbeiten: Schneider Druck GmbH, Rothenburg ob der Tauber
Umschlagkonzeption: Mendell & Oberer, München

ISBN 3-486-**98567**-1

Inhaltsübersicht

Kartenspiele

Ernst sucht Spiel auszuschließen, Spiel jedoch kann sehr wohl den Ernst in sich einbeschließen.

(Jan Huizinga)

Vorwort

Als 1977 das Buch „Lernspiele für die Grundschule“ erschien, waren Verlag und Autorin von der großen Nachfrage überrascht. In der Zwischenzeit ist das Spielen aus der pädagogischen Literatur nicht mehr wegzudenken. Ob es jedoch in der Praxis ebenso hat Fuß fassen können, wage ich aufgrund meiner Erfahrungen zu bezweifeln. Es scheint, dass Spielen noch weit davon entfernt ist, im Unterricht als selbstverständliche methodische Hilfe betrachtet zu werden. Wie ich auf vielen Fortbildungsveranstaltungen erfahren konnte, ist trotzdem das Interesse groß an Spielen, die machbar sind, an Spielen, die sich an Lernzielvorgaben orientieren, an Spielen, die Kindern und Lehrern auch wirklich Spaß machen.

Wer einmal vom Geist des Spielens erfasst wurde, kann sich ihm nicht mehr entziehen. Spielen verändert nicht nur die Kinder, bei denen es sonst vernachlässigte Fähigkeiten freisetzt – Selbstvertrauen, Selbstständigkeit und die Selbstverständlichkeit menschlichen Miteinanderumgehens – es verändert auch den Lehrer. Die Erfahrungen in einer spielenden Klasse lassen ihn offener, aufgeschlossener, flexibler, gelassener und humorvoller werden – auch beim Nichtspielen. So ist es nur allzu verständlich, dass ich die einmal eingeschlagene Richtung weiterverfolgte und weitere Anregungen sammelte, wo und wie Spielen in Lernen übergehen und umgekehrt Lernen in Spielen münden kann.

Dabei entstand ein Werk, das eigentlich als ein Buch geplant war, seines Umfanges wegen aber in drei Teile geteilt werden musste:

– *Der erste Band „Spielen im Alltag der Grundschule“* stellt elementare Gedanken und Spiele als Hilfe beim Erziehen dar. Spielen wird als durchgängiges und fächerübergreifendes Prinzip beim Erziehen und Unterrichten gesehen. Seine enge Beziehung zum Musischen, vor allem zum Singen, zum Sichbewegen, aber auch zur Sprache, wird immer wieder berücksichtigt.

– *Der zweite Band „Spielen im Deutschunterricht – Neue Lernspiele für die Grundschule“* beinhaltet Sprechspiele, Anregungen zum darstellenden Spiel sowie Spieltexte, Spiele zum Erstlesen, zum weiterführenden Lesen, zum Erstschreiben, Rechtschreiben und zur Sprachbetrachtung.

– *Der dritte, hier nun vorliegende Band „Spielen im Mathematikunterricht – Neue Lernspiele für die Grundschule“* bietet viele, in der Praxis erprobte Vorschläge für einen abwechslungsreichen, witzigen Unterricht an. Gerade dieser Lernbereich wird oft durch das Buch gefesselt und erstarrt in Monotonie. Dabei ist es gar nicht schwer, die „Buchmethode“ durch Spiele aufzulockern. Nötig ist dazu nur der Mut des Lehrers, sich aus eingefahrenen Geleisen und vom Zeitdruck zu lösen. Schließlich ist nicht unbedingt die Menge der gerechneten Aufgaben für den Lernerfolg entscheidend, sondern die Art und Weise, wie Rechenfertigkeit, Rechenfähigkeit und mathematisches Denkvermögen geschult werden. Auch Mathematik kann Spaß machen, ohne dass der Ernst ausgeschlossen wird.

Neben den vielen Kindern, mit denen ich im Lauf der Jahre meine Spielerfahrungen sammeln konnte, und neben den vielen Kolleginnen und Kollegen, die mich auf zahlreichen Fortbildungsveranstaltungen auf meinem Weg bestätigt haben, gilt mein besonderer Dank Herrn *Georg Weigand.* Er hat mich angeregt, das Buch zu schreiben, und hat es spielerisch meisterhaft betreut.

Nürnberg 1988 *Silvia Regelein*

Spielen im Mathematikunterricht

Rechnen dürfen

Vorige Stunde habe ich in meiner Klasse den Zahlenraum bis zur Hundert wiederholt. Ich hätte sagen können: Jetzt zerlegt die 72 in drei Teile! Bildet euch zwanzig Aufgaben! Sie hätten also geschrieben: 24 + 24 + 24 = 72 oder 17 + 17 + 38 = 72 usw. Das wäre Arbeit gewesen, ein Müssen! Ich habe es aber so gemacht: Ich habe drei Kinder mit drei leeren Zigarrenkisten und 72 Steinchen auf den Korridor geschickt und ihnen aufgegeben, die 72 Steinchen ganz nach Belieben auf die drei Kästen zu verteilen. Und den übrigen Kindern habe ich gesagt: Nun wollen wir einmal sehen, wie die drei die 72 Steinchen wohl verteilen werden! Wer es errät, darf in einem Fuchsspiel der Jäger sein! –
Jetzt hätten Sie die Kerlchen sehen sollen! Jetzt empfanden sie das Zerlegen der 72 als ein Dürfen! Als ein Spiel! Jetzt hatten sie in ein paar Minuten mehr Aufgaben gerechnet als im Zwangsverfahren in einer ganzen Stunde! Jetzt waren sie innerlich an der Sache interessiert! Auch der Unbegabteste gab jetzt sein Bestes und mühte sich, recht lebhaft zu rechnen, um die Möglichkeit eines Treffers zu erhöhen.

Paul Georg Münch in: Mein frohes Völkchen. Büchergilde Gutenberg, Berlin 1931, S. 28f. (zit. nach *Gerhard Sennlaub* (Hrsg.): Guten Morgen, lieber Lehrer. 77 Geschichten und Berichte aus dem Schulleben. Agentur Dieck, Heinsberg 1983, S. 29)

Stellung und Bedeutung des Spielens im Mathematikunterricht

Gerade im Mathematikunterricht lässt der große Stoff- und Zeitdruck vielen Lehrern das Spielen als Zeitvergeudung erscheinen. Andererseits wird in dem Bestreben, den „Buchunterricht“ doch wenigstens etwas aufzulockern, manches als Spiel bezeichnet, was für die Kinder noch weniger motivierend ist als simples „Päckchen-Rechnen“. Deshalb sehe ich das Problem für den Mathematikunterricht darin, *Lernspiele zu finden, die sowohl effektiv als auch motivierend sind.* Denn wenn Spielen auch kein allheilendes Wundermittel ist, kann es doch manchem Kind helfen, mit größerem Spaß und somit leichter und nachhaltiger zu lernen. Spielen kann und soll nicht den Mathematikunterricht beherrschen, sondern das Spiel soll nur e i n e Lernform und e i n e methodische Möglichkeit sein, die den „normalen“ Unterricht sinnvoll ergänzt und bereichert. Eine wohl dosierte „Spielmethode“ zeigt sich zudem nicht an der Fülle der Lernspiele, sondern darin, ob der *„Geist des Spielens“* auch im Mathematikunterricht spürbar ist. Das ist dann der Fall, wenn im gesamten Unterricht, und nicht nur in den Spielphasen, eine vertrauensvolle, gelassene Atmosphäre herrscht, Heiterkeit, Humor und Witz nicht zu kurz kommen, Freiheit und Offenheit das gemeinsame Lernen bestimmen.

Die von einer Spielidee ausgehenden Lernspiele zeichnen sich anderen Übungsformen gegenüber dadurch aus, dass sie nicht nur einen Beitrag zum fachlichen Lernen leisten, sondern auch soziale und emotionale Kräfte freisetzen. Konkret bedeutet dies:

1. Mit Spielen kann im Unterricht erworbenes Wissen wiederholt, geübt und gefestigt werden

Indem beim Spielen Handlungen ablaufen, die nicht zum Standardrepertoire des Unterrichts zählen, wird zunächst beim Kind erhöhte Aufmerksamkeit erzielt. Machen diese ungewohnten Tätigkeiten dann auch noch Spaß, vielleicht weil sie mehr Bewegung als gewohnt, mehr Freiraum, mehr eigene Aktivität oder mehr Erfolgsbestätigung ermöglichen, treten zur erhöhten Aufmerksamkeit vermehrte Motivation und verstärkte Leistungsbereitschaft. Tätigkeiten, die das Kind als Spiel empfindet, werden zwanglos und gerne wiederholt. So ermöglichen abwechslungsreiche Lernspiele die ständige Wiederholung gleicher Aufgaben so lange, bis sie „im Schlaf" beherrscht werden, was besonders wichtig ist bei den Grundaufgaben bis 20 und den Einmaleinsreihen. Indem Lernspiele die methodische Einfallslosigkeit vieler Fertigkeitsübungen überwinden, bewirken sie ein intensiveres und damit effektiveres Rechnen. Weiterhin kann die häufige Wiederholung in immer neuen Varianten auch dem schlechten Rechner zum Erfolg verhelfen und so seine negative Einstellung zum Fach mildern oder gar abbauen.

2. Mit Spielen können mathematische Denkbeziehungen vertieft werden

Es gibt nicht nur Lernspiele zur Steigerung der Rechenfertigkeit, sondern auch operative Übungsformen, die das im vorausgegangenen Unterricht erworbene Operationsverständnis vertiefen. So erfordern z.B. viele offene Aufgaben ein vorausdenkendes Probieren und Kombinieren, bei dem die Zahlen und Operationen in ihren Beziehungen untereinander verglichen und überdacht werden müssen. Dabei wird oft viel mehr gerechnet, als es zunächst den Anschein hat.

Neben Spielen mit einem oder mehreren Partnern hat auch das Einzelspiel seinen Platz. Denn individuelle Fähigkeiten entfalten sich nicht nur beim gemeinsamen Tun, sondern auch in eigenständiger Auseinandersetzung, im eigenbrötlerischen Knobeln, in der Zwanglosigkeit und Ruhe eigenen Nachdenkens.

3. Mit Spielen kann in neue Lerninhalte eingeführt werden

Auch wenn es nicht sinnvoll ist, jeden Inhalt „erspielen" zu lassen, gibt es doch vor allem für das 1./2.Schuljahr hierzu viele bewährte Vorschläge, z.B.:

> Mit dem Rollenspiel „Wir spielen Tisch decken" wird auf motivierende Weise handelnd in die Addition eingeführt.

Bei dem den Kindern meist bekannten Bewegungsspiel „Mutter, wie weit darf ich reisen?“ kann der Zahlenstrahl anschaulich entwickelt werden.

Anstatt so zu tun, als ob den Kindern die Zahlen bis 100 völlig neu wären und sie deshalb mit einer umständlichen und zeitraubenden Einführung zu langweilen, bieten sich zahlreiche Würfelspiele mit einem Maßband oder einer Hundertertafel zum selbstständigen Entdecken und Orientieren an.

Die vielen Möglichkeiten, wie spielerische Handlungen als motivierender und zugleich sachgerechter Lernanlass dienen können, werden in den meisten Mathematikbüchern zu wenig genutzt.

4. Mit Spielen können geistige Grundtechniken und Fähigkeiten gefördert werden

Sicherlich wird man kein Lernspiel einplanen, um ausschließlich allgemein geistige Fähigkeiten zu trainieren, die nicht an einen bestimmten Lerninhalt gebunden, sondern bei jedem Lernen gefordert sind, z. B. Gedächtnis, Kreativität, Flexibilität u.v.a.m. Doch zweifellos leisten Lernspiele zur Denkerziehung einen größeren Beitrag als andere Übungsformen, z. B. wenn Alternativen zur Wahl stehen, wenn selbstständig Lösungswege gefunden werden müssen, wenn der nächste Spielzug vorauszuplanen ist oder wenn den Kindern innerhalb von Spielregeln Entscheidungen abverlangt werden, die eine neue oder ungewohnte Reaktionsweise erfordern.

5. Mit Spielen kann soziales Lernen angebahnt und vertieft werden

Wenn auch das Leistungsniveau einer „spielenden“ Klasse sich nicht unbedingt von dem einer „nicht-spielenden“ unterscheidet, so treten dennoch Unterschiede im Klassenklima deutlich zutage. Beim Spielen wird das Kind nicht vom Lehrer motiviert, unterstützt, gefragt, gedrängt oder kontrolliert. Diese Leitfunktion wird nun einerseits von der Spielregel übernommen, die die Kinder oft konsequenter beachten als (zu oft gehörte) Ermahnungen des Lehrers, und andererseits von den Mitspielern. Gerade der spielerische Umgang mit Zahlen eröffnet den Kindern viele Möglichkeiten zum Miteinandersprechen und zum gemeinsamen Handeln. Im Sinne eines sozialen Lernens darf der Wettbewerb nicht überbetont werden. So wechseln Spiele, bei denen die Kinder miteinander tätig sind, mit solchen ab, bei denen konkurrenzlos nebeneinander gerechnet wird. Es widerspricht aber dem kindlichen Interesse, den Wettbewerb völlig auszuschalten. Vermutlich sind Pädagogen in diesem Punkt oft etwas zu sensibel. Werden die Spiele so ausgewählt, dass nicht ausschließlich nur die guten Rechner Erfolg haben, kann auch das Siegen und Verlieren Anlass zu sozialem Lernen werden.

6. Mit Spielen können Differenzierung und Individualisierung erleichtert werden

Beim Spielen kann das Kind mehr als bei frontalem Unterricht sein Lernen steuern, indem es selbst das ihm adäquate Tempo und Quantum bestimmt. Viele Spiele lassen zudem ein Rechnen auf unterschiedlichem Anspruchsniveau zu und ermöglichen so auch eine qualitative Differenzierung. Eingeübte Spielformen eröffnen dem Lehrer eine organisatorisch problemlose Möglichkeit zu einer flexiblen, inneren Differenzierung, die weder ihn noch die Kinder in Differenzierungsstress bringt. *Beispiele:*

– Kinder, die eine geforderte Arbeit beendet haben, spielen selbstständig ein bekanntes Spiel.

– Während der Lehrer zusammen mit schlechten Rechnern im Spiel trainiert, arbeiten die anderen in Einzelarbeit oder spielen selbstständig.

– Der Lehrer führt gute Rechner in ein schwierigeres Spiel ein, während die anderen sich selbstständig beschäftigen.

– Alle Kinder spielen, wobei der Lehrer in beobachtende Distanz zurücktritt und hie und da helfend eingreift.

Der didaktische Ort

Entsprechend den unterschiedlichen Funktionen können die Spiele geplant oder spontan wie Bausteine im Unterricht eingesetzt werden:

– *Zu Beginn der Rechenstunde* als Wiederholung von vor längerer Zeit Gelerntem oder als Anknüpfung an die vorausgegangene Studie erfolgt wie beim Sport ein „Warmlaufen“. Dabei werden etwa zehn Minuten lang relativ einfache Aufgaben gelöst, die auch dem schlechten Rechner Erfolg bescheren und ihn so für die Rechenstunde „günstig“ stimmen. Wechselnde Übungs- und Spielformen verhindern, dass die „leichten“ Aufgaben reizlos sind.

– Als *Einstieg in das anstehende Thema* kann ein kurzes Spiel stehen, das den mathematischen Sachverhalt als Problemfrage aufwirft. *Beispiel:* Zerlegen der Zahl 7 im 1. Schuljahr. – Wer weiß, ohne nachzuschauen, welche Zahl beim Würfel unten liegt?

– Das Spiel bestimmt als *Gestaltungsgedanke* eine Stunde.

– Was vorher gemeinsam erarbeitet wurde, wird im Spiel *wiederholt und gesichert.*

– Die Kinder erhalten ein Spiel, das sie mit nach Hause nehmen können.

– Ein Spiel wird als *Zeitpuffer* vorgemerkt, falls der geplante Unterrichtsverlauf sich als zu kurz erweisen sollte.

– Ebenso wie Morgenkreis oder Vorlesestunde als wiederkehrendes Ritual von unumstrittener Bedeutung sind, sollte einmal in der Woche oder im

Monat eine *Rechenspielstunde* stattfinden, um neue Spiele vorzustellen, auf die dann stets zurückgegriffen werden kann.
– Weiterhin sollten *Zeiten für „Freie Arbeit“* fest im Unterricht verankert werden. Hierbei kann sich jedes Kind nach eigener Wahl mit Unterrichtsgegenständen beschäftigen, sei es mit einem Buch aus der Lesekiste, mit der noch nicht beendeten Zeichnung, mit der wiederholt vergessenen Hausaufgabe, oder sei es mit bekannten Rechenspielen und ausliegendem Material (keine Spiele) zum Rechnen. Als Zeiten hierfür bieten sich je nach Klassensituation an: Der Unterricht beginnt nicht mit dem Gong, sondern die Kinder erhalten anfangs Gelegenheit, sich etwa 15 Minuten mit einer sie ansprechenden Tätigkeit auf den Schultag einzustimmen, bevor dann der gelenkte Unterricht, etwa mit dem Morgenkreis, eingeleitet wird. Statt eines flexiblen Unterrichtsbeginns ist auch ein flexibler Unterrichtsschluss denkbar, der die Kinder den Schultag mit einer Tätigkeit ihrer Wahl beenden lässt (Das Erledigen der Hausaufgabe ist damit allerdings nicht gemeint!) und ihnen zugleich die Gelegenheit gibt, dem Lehrer Unverstandenes mitzuteilen.

Auswahl der Spiele

Bei der Auswahl der Spiele scheinen mir folgende Kriterien wichtig:
– Das Spiel soll den Kindern *Spaß* machen.
– Das Spiel soll *leicht erlernbar* sein, damit die Einführung nicht unnötig viel Zeit beansprucht.
– Das Spiel soll *von den Kindern selbstständig gespielt* werden können.
– Das Spiel soll *Variationen im Schwierigkeitsgrad* zulassen und *auf mehrere Lerninhalte übertragbar* sein.
– Damit das Spiel eine Lernhilfe ist, soll es *Möglichkeiten der Kontrolle* bieten. Bei Gruppenspielen kann man davon ausgehen, dass die Mitspieler Vorgang und Ergebnis kontrollieren. Wenn Einzelspiele keine Selbstkontrolle ermöglichen, sollten der Lehrer oder gute Rechner nachprüfen.
– Das Spiel soll *dem Lehrer wenig Mühe* machen und weder langwierige Vorarbeiten noch aufwendige Materialien erfordern.

Benötigte Materialien

Es sollen hier nur jene Materialien aufgezählt werden, die mehrmals benötigt werden:
– Die für Kinder sehr reizvollen Blindspiele im Anfangsunterricht erfordern eine *Augenbinde*. Im 1. Schuljahr dauert es erfahrungsgemäß recht lange, bis sich die Kinder die Augen mit einem Tuch verbinden. Da zudem auch in anderen Lernbereichen oft eine Augenbinde hilfreich ist, empfehle ich, dass je-

des Kind eine Maske mit zugeklebten Augen oder einen breiten Stoffstreifen mit Gummiband griffbereit unter seinem Tisch liegen hat.
– Die Würfelspiele erfordern eine ausreichend große Anzahl an *Spielwürfeln,* etwa zwei für jedes Kind. Damit die Kinder selbstständig damit spielen können, müssen sie stets griffbereit sein. Bewährt hat sich analog der „Leseecke“ das Einrichten eines *Rechentisches,* auf dem die zum Rechnen erforderlichen Materialien frei ausliegen.
– Als *Siegerpunkte* kann das vorhandene Rechenmaterial (viereckige oder runde Plättchen, Einserwürfel) genommen werden oder auch Linsen, Schusser o. Ä. Aus gesundheitserzieherischen Erwägungen rate ich davon ab, Bonbons zu verteilen. Ein (halber) Apfel oder eine (halbe) Scheibe Vollkornbrot aus der Hand der Lehrerin/des Lehrers sind meist ebenso begehrt.
– Wenn mit Hilfe der *Kopiervorlagen* Spielpläne oder Kärtchen erstellt werden, können einige zusätzliche Exemplare in einer Schachtel oder einem Ordner gesammelt werden. Manche Kinder bearbeiten gerne ein und denselben Bogen mehrmals. Damit sich bei ihnen nicht zu viele Briefumschläge oder Schachteln mit kleinen Kärtchen ansammeln, sollte man Kartensätze einer Art jeweils in einer größeren Schachtel aufbewahren.
– *Großformatige Karten* mit Rechnungen können nicht nur für Spiele, sondern auch zum Kopfrechnen oder für Demonstrationszwecke eingesetzt werden. Werden sie in Klarsichthüllen oder in einer Schachtel frei zugänglich gesammelt und geordnet, können die Kinder damit auch selbstständig spielen.

Der sorgfältige Umgang mit den Spielmaterialien muss schrittweise eingeübt werden. Der Rechentisch ist nur dann ein Anreiz, wenn *weder zu viel noch zu wenig* ausliegt.

Zur Darstellung der Spiele

Was für Redner gilt, ist auch für Autoren gut zu wissen: Eine gute Rede soll das Thema ganz erschöpfen, aber keinesfalls die Zuhörer. Neben den Spielanleitungen mit kurzen Kommentaren und Situationsbeschreibungen finden Sie deshalb weitere Texte zur Auflockerung: Schülersprüche, die oft in witziger Art ein Problem ad absurdum führen oder sich in nonsenshaften Sprachspielereien gefallen; Witze, die das Schulleben aufs Korn nehmen, sowie Texte, die auf Probleme der Kinder hinweisen und zum Nachdenken anregen. Manche Texte können Sie sicher auch im Unterricht verwenden.
Bei den Spielen wird mit folgenden Abkürzungen auf die *Sozialform* hingewiesen:

E bedeutet Einzelspiel, d. h. es spielt jeder für sich.
P bedeutet Partnerspiel, wobei paarweise miteinander oder auch gegeneinander gespielt wird.

Überblick über die Spiele

	Kopiervorlage	Anfangsunterricht	Addition und Subtraktion bis 10	Addition und Subtraktion bis 100	Multiplikation und Division bis100	Addition, Subtraktion Multiplikation, Division bis 1000	Addition, Subtraktion Multiplikation, Division über 1000	Seite
○ ***Spiele mit strukturiertem Material und Zahleneinführung***								
1 Konstruktionsspiele: Freies Legen und Bauen (1)		x						18
2 Plättchen erwürfeln (1)		x						19
3 Plättchen-Memory (1/2)		x						20
4 Das Nimmspiel (1)		x						21
5 Tastspiele (1)		x						22
6 Versteckspiel (1)		x						23
7 Kofferpacken (1)		x						23
8 Mein rechter Platz ist leer (1)		x						24
9 Trennwandspiel (1/2)		x						25
10 *Spiellied:* Mein Hut, der hat drei Ecken (1/2)		x						26
11 Abzählverse (1)		x						27
12 Vier in einer Reihe (1)		x						27
13 Schlangenspiele		x						28
14 Schleichspiel (1)		x						29
15 *Spiellied:* Die Acht und die Null (1)		x						30
16 Zehn kleine Negerlein – ein *Lied* in drei Variationen		x						30
17 *Lied:* Grüner, grüner Haselstrauch (1/2)		x						32
○ ***Würfelspiele***								
18 Würfelrätsel (1–3)	x		x			x		35
19 Vorwärts oder rückwärts? (1–3)	x		x	x	x	x		36
20 Die höchste Zahl gewinnt! (1–3)				x	x	x		39
21 Die verflixte Eins (1–3)				x				42
22 Wettrennen (2/3)				x				42
23 Wir erwürfeln die Hundertertafel (2)	x			x				43
24 *Lied:* Das Mäuse-Einmaleins (2)					x			46
25 Malaufgaben würfeln (2/3)	x				x			46
26 Schlangenfressen (2/3)	x				x			50
27 Wer hat einen Treffer?			x	x		x		52

„Na, Junge, was habt ihr denn heute in der Rechenstunde gelernt?," erkundigt sich der Großvater.
„Wir haben den Nenner gesucht, Opa!"
„Komisch, dass sie den immer noch nicht gefunden haben. Den haben wir zu meiner Zeit auch schon gesucht!"

G bedeutet Gruppenspiel. Wenn nicht anders angegeben, wird dabei von einer Gruppengröße von drei bis vier Kindern ausgegangen.

K Die ganze Klasse spielt zusammen (z. B. bei Kreisspielen). Natürlich kann auch nur ein Teil der Klasse spielen und der andere Teil macht etwas anderes.

Die Zahlen in Klammern hinter dem Spieltitel verweisen auf das empfohlene *Schuljahr,* z. B. (1).

Bei allen Spielen finden Sie *Zielangaben,* um ein Spiel möglichst gut „einpassen" zu können. Falls *Materialien* benötigt werden, sind diese ebenfalls angegeben. Die *Zeitangaben* sind ungefähre Erfahrungswerte, um Ihnen die Planung zu erleichtern. Mit der Zeit beim Spielen verhält es sich jedoch ähnlich wie mit dem Spaß beim Spielen: Es ist in jeder Klasse anders. Fällt das Spiel kürzer als angegeben aus, wissen Sie sicher die „gewonnene" Zeit zu nutzen. Sind die Kinder jedoch auch nach der angegebenen Zeit noch eifrig ins Spiel vertieft, sollte man sie – wenn möglich – weiterspielen lassen. Denn: Wer spielt, hat mehr vom Leben!

Spiele mit strukturiertem Material und zur Zahleinführung

Eine Menge Kartoffeln – Eine Aufgabe im Wandel der Zeiten
1950: Ein Bauer verkauft einen Sack Kartoffeln für 20 Mark. Die Erzeugungskosten betragen $^4/_5$ des Erlöses. Wie hoch ist der Gewinn?
1960: Ein Bauer verkauft einen Sack Kartoffeln für 20 Mark. Die Erzeugungskosten betragen 16 Mark. Berechne bitte den Gewinn!
1970: Ein Bauer verkauft eine Menge Kartoffeln (K) für eine Menge Geld (G). G ist die Menge aller Elemente g, für die gilt: g ist eine Mark. In Strichmengenform müßtest du für die Menge G zwanzig (////////////////////) Strichlein machen, für jede Mark eines. Die Menge der Erzeugungskosten (E) ist um vier (////) Strichlein weniger mächtig als die Menge G. Zeichne das Bild der Menge E als Teilmenge der Menge G und gib die Lösungsmenge (L) an für die Frage: Wie mächtig ist die Gewinnmenge?
1980: Ein Bauer verkauft einen Sack Kartoffeln zum Preis von 20 Mark. Die Erzeugungskosten betragen $^4/_5$ gleich 16 Mark. Der Gewinn beträgt $^1/_5$ gleich 4 Mark. Unterstreiche das Wort „Kartoffeln" und diskutiere mit deinem Nachbarn darüber!

Das *Umgehen und Spielen mit strukturiertem Material* wird hier nicht als langatmiger Vorkurs betrachtet, der die Zahlenkenntnisse der Kinder ausklammert. Vielmehr wird davon ausgegangen, dass Mengenarbeit und Einführung der ersten Zahlen zeitlich etwa parallel erfolgen und sich so sinnvoll ergänzen.
Viele „logische Spiele" mit strukturiertem Material und komplizierten Diagrammen als „Spielpläne" haben sich als didaktische Eintagsfliegen erwiesen. Dagegen können freies, ungelenktes Spielen oder einfache, sprachlich unkomplizierte Regelspiele mit strukturiertem Material durchaus motivierend und auch geeignet sein, im 1. Schuljahr grundlegende mathematische Fähigkeiten – z. B. Feststellen von Merkmalen, Vergleichen und Unterscheiden, Zuordnen, Sortieren und Zusammenfassen, Ordnen – sowie geometrische Grunderfahrungen zu vermitteln und in Sprache umzusetzen, ohne dass diese dabei zum Stolperstein wird.

Spielanregungen:

1 Konstruktionsspiele: Freies Legen und Bauen (1)
2 Plättchen erwürfeln (1)
3 Plättchen-Memory (1/2)
4 Das Nimmspiel (1)
5 Tastspiele (1)

6 Versteckspiel (1)
7 Kofferpacken (1)
8 Mein rechter Platz ist leer (1)
9 Trennwandspiel (1/2)
10 *Spiellied:* Mein Hut, der hat drei Ecken (1/2)
11 Abzählverse (1)
12 Vier in einer Reihe (1)
13 Schlangenspiele (1/2)
14 Schleichspiel (1)
15 *Spiellied:* Die Acht und die Null (1)
16 Zehn kleine Negerlein – ein *Lied* in zwei Variationen (1)
17 *Lied:* Grüner, grüner Haselstrauch (1/2)

1 *Konstruktionsspiele: Freies Legen und Bauen* (1) P/E

Ziel: Beim ungelenkten Umgang Merkmale feststellen
Material: für jedes Kind oder für je zwei Kinder ein Satz strukturiertes Material
Zeit: sehr variabel, von 10 bis 45 Min.

Nicht nur nach dem erstmaligen Austeilen des Materials, sondern je nach Wunsch und Zeit: Immer wieder legen die Kinder aus den Plättchen selbst erdachte Figuren. Werden Cuisenaire-Stäbe mit einbezogen, können kunstvolle Bauwerke entstehen.
Freier, ungelenkter Umgang mit vorgegebenen Materialien ist einerseits selbstbestimmtes Handeln ohne Zeit- und Ergebnisdruck, zum anderen wird die individuelle Kreativität herausgefordert.

Möglichkeiten der Weiterführung

– Oft finden es die Kinder schade, wenn sie ihre gelegten Figuren wieder zerstören müssen. Sie lassen sich deshalb gerne anregen, ihre Figuren auf ein Blatt Papier zu legen, die Plättchen zu umfahren, auszumalen und evtl. noch auszuschmücken.

– Anderen Kindern macht es vielleicht Spaß, Plättchen auf Buntpapier zu legen, zu umfahren, auszuschneiden und als Figuren aufzukleben.
– Aus Transparentpapier ausgeschnittene Plättchen lassen sich auf einem Bogen weißen Transparentpapiers zu einem „Fensterbild“ zusammenstellen, wobei die Plättchen nicht nur nebeneinander, sondern auch übereinander geklebt werden. Ein Rahmen aus schwarzen Tonpapierstreifen macht das Fensterbild zu einem beeindruckenden Geschenk.

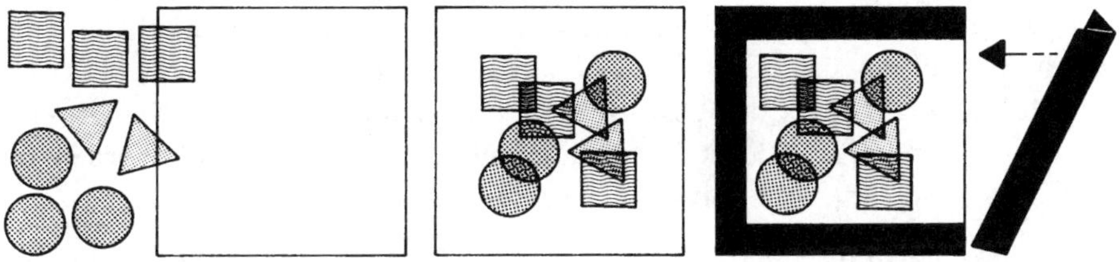

– *Schweigespiel:* Der Spielname verdeutlicht es bereits: Es darf nicht gesprochen werden, auch nicht bei der Einführung, und es geht ohne Erklären von Spielregeln sofort los.
Die Kinder sitzen im lockeren Stuhlkreis. Jedes erhält ein Plättchen oder einen Baustein. Die Lehrerin/der Lehrer setzt sich und wartet, bis es ganz ruhig ist. Dann legt sie/er das eigene Plättchen in die Mitte und setzt sich wieder. Falls kein Kind von sich aus das Gleiche tut, wird durch Gesten und Mimik zur Nachahmung aufgefordert. Das nächste Kind darf immer erst dann von seinem Platz aufstehen, wenn sein Vorgänger sich gesetzt hat. So entsteht nach und nach ein Turm oder eine Straße oder ... Wenn alle Steine verbaut sind, steigt die Lehrerin/der Lehrer über das Bauwerk oder geht daran entlang, ohne dass ein Stein herunterfällt. Geschieht dies trotzdem, wird er stillschweigend wieder an seinen Platz gelegt. Nun gehen auch die Kinder um das Bauwerk herum. Zum Schluss wird ein Stein nach dem anderen wieder abgebaut, wobei jeder seinen Stein nehmen soll.
(aus: *Appelt, Jutta:* Wer spielt mit? In: LehrerJournal – Grundschulmagazin Heft 9/1986, S. 11)

2 ***Plättchen erwürfeln*** (1) P

Ziel: Bis sechs abzählen
Material: für jedes Kind ein Satz strukturiertes Material
Zeit: ca. 15 Min.

Vorbereitung (nicht in der Zeitangabe enthalten): Um zu überprüfen inwieweit die Kinder die Zahlen bis sechs beherrschen, zeigt der Lehrer nacheinander die Seiten eines großen Würfels. Die Kinder nennen die Zahl und zeigen sie zusätzlich mit den Fingern.

Eine weitere gute Vorbereitung ist das stumme Zählen. Dazu verbinden sich die Kinder die Augen (mit einer griffbereiten Maske unter dem Tisch geht das schnell!). Nun lässt der Lehrer ein Plättchen (aus Plastik) auf den Boden fallen, und die Kinder strecken entsprechend eine Hand mit einem gestreckten Finger hoch, als Kontrolle für den Lehrer. Nacheinander fallen dann zwei, drei, vier Plättchen auf den Boden. Wer kann hören, wie viele es sind?

Spielverlauf: Je zwei Kinder haben ihre Plättchen auf dem Tisch ausgebreitet und den leeren Deckel des Rechenkastens vor sich. Es wird abwechselnd mit einem Würfel gewürfelt. Es dürfen jeweils so viele Plättchen in den Deckel gefüllt werden, wie es der gewürfelten Augenzahl entspricht. Bleiben zum Schluss z. B. noch zwei Plättchen liegen, muss so lange gewürfelt werden, bis eine Zwei erscheint. Wer kann zuerst seinen Deckel füllen?

Schwierige Variante: Hierzu wird zusätzlich eine Matrix (vgl. Abb.) benötigt. Nun werden nach dem Würfeln die Plättchen nicht in den Deckel gelegt, sondern an die richtige Stelle in der Matrix.

große Plättchen

	rot	blau	gelb
△			
○			
□			

kleine Plättchen

	rot	blau	gelb
△			
○			
□			

3 *Plättchen-Memory* (1/2) P/G

Ziel: Zwei Plättchen finden, die sich nur im Merkmal Größe unterscheiden
Material: für je zwei bis vier Kinder ein Satz strukturiertes Material und 18 Notizzettel (ca. 10 x 10 cm) zum Bedecken der Plättchen
Zeit: ca. 20 Min.

Spielverlauf: Jede Spielgruppe legt die Plättchen auf dem Tisch oder auf dem Fußboden (das macht noch mehr Spaß!) aus und bedeckt jedes Plättchen mit einem Notizzettel. Abwechselnd hebt jeder Spieler zwei Zettel hoch und prüft, ob die nun sichtbaren Plättchen ein Paar bilden (z. B. groß, rot, rund – klein, rot, rund). Wenn dies zutrifft, darf er das Plättchenpaar an sich nehmen, die Zettel weglegen und nochmals zwei Plättchen aufdecken. Kommt kein Paar zustande, muss er die Plättchen wieder zudecken, und der nächste Spieler fährt fort. Wer zum Schluss die meisten Paare hat, hat gewonnen.

Wenn die gewonnenen Paare nebeneinander ausgelegt werden, unten das große Plättchen und darauf das kleine, hat der Lehrer über die Kontrolle der Mitspieler hinaus eine gute Möglichkeit der Überprüfung.

Kommentar: Da bei diesem Spiel Konzentration und Gedächtnis gefordert sind, verläuft es weitgehend ruhig.

Schon seit Tagen …

Schon seit Tagen
zählt der Igel
seine Stacheln
auf dem Hügel.

Zählen jedoch,
weiowei,
kann der Arme
nur bis drei.

Kommt deshalb zu
keinem Ziele,
zählt nur immer:
eins, zwei drei und viele.

(Alfred Können)

(aus: Wer wie was wo in Wald und Feld. Neugebauer Press, Bad Gaisern 1972)

4 *Das Nimmspiel* (1) G

Ziel: Vorgegebenen Merkmalen das entsprechende Plättchen zuordnen
Material: für je drei bis vier Kinder ein Satz strukturiertes Material
Zeit: ca. 10–15 Min.

Spielverlauf: Die Kinder setzen sich in Gruppen um einen Tisch. In der Mitte werden die Plättchen ausgebreitet. Alle Mitspieler legen beide Hände flach auf den Tisch. Der Lehrer nennt nun die drei Merkmale eines Plättchens oder zeigt entsprechende Merkmalschilder. Wer das richtige Plättchen zuerst findet, darf es sich nehmen. Nimmt einer ein falsches Plättchen, muss er es wieder zurücklegen. Dann werden erneut drei Merkmale vorgegeben. Wer hat am Schluss die meisten Plättchen?

Variante: Die Kinder lieben zwar die Wettkampfform, doch kann man auch ohne Leistungsdruck spielen, indem jedes Kind der Reihe nach das beschriebene Plättchen nimmt. Falsche Plättchen müssen wiederum zurückgelegt werden. Falls der Spielleiter (Lehrer, Kind) Merkmale angibt, zu denen kein Plättchen mehr in der Mitte liegt, geht das Kind, das gerade an der Reihe ist, leer aus.

„Du gehst doch jetzt in die Schule, Klein Erna", sagt Onkel Heini, „hast du denn da auch schon Rechnen gelernt?"
„Ja, Onkel Heini."
„Dann sag mir mal: Wenn du drei Pflaumen hast, und ich geb dir zwei dazu, wieviel Pflaumen hast du dann?"
„Weiß ich nich, Onkel Heini, das kann ich nur mit Äpfeln."

Lehrer: „Wenn ich in der einen Hand zehn Orangen halte und in der anderen sechs, was habe ich dann?"
Franz: „Große Hände!"

5 *Tastspiele* (1) P/E

Ziel: Plättchen nach Form oder Größe unterscheiden und zusammenfassen
Material: für jedes Kind strukturiertes Material und eine Augenbinde
Zeit: ca. 10–15 Min.

Einzelspiel: Jedes Kind hat seine Plättchen vor sich auf dem Tisch ausgebreitet und verbindet dann seine Augen. Nun werden die Plättchen „blind" nach der Form (Größe) sortiert. Immer noch „blind" wird durch Zählen überprüft. Es müssen bei jeder Form jeweils sechs Plättchen liegen (Größe: 9). Nach dem Abnehmen der Augenbinde wird nochmals überprüft und ggf. berichtigt.

Partnerspiel: Die Plättchen vom Einzelspiel bleiben liegen. Ein Kind schließt die Augen und legt die Hand davor. Das andere nimmt ein Plättchen vom Partner weg, das dieser nach dem Öffnen der Augen „erraten" und mit seinen Merkmalen bezeichnen soll. Das entfernte Plättchen wird wieder zurückgelegt, und es wird gewechselt.

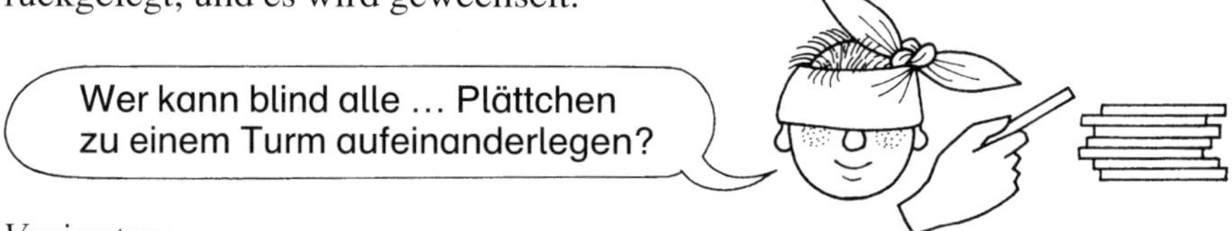

Varianten:
- Kind 1 ist „blind", Kind 2 nicht. Kind 2 führt die Hand des „Blinden" zu einem Plättchen und fragt: Wie ist das Plättchen? Wenn das Kind richtig geantwortet hat (z. B. dreieckig und groß), wird gewechselt.
- Kind 1 ist „blind", Kind 2 nicht. Kind 2 sagt z. B.: Gib mir bitte ein großes, dreieckiges Plättchen! Daraufhin sucht der „Blinde" und reicht das Plättchen seinem Partner. Bei richtiger Wahl wird gewechselt.

Kommentar: Spiele mit verbundenen Augen sind sehr konzentrations- und ruhefördernd, da das „Ausfallen" eines Sinnes die anderen Sinne um so mehr anspannt. Mit der Außenwelt bleibt man nur über das Hören und Tasten in Kontakt, die nun viel bewusster erfolgen als bei offenen Augen.

6 *Versteckspiel* (1) K/P

Ziel: Die drei Merkmale eines Plättchens nennen
Material: strukturiertes Material für die Flanelltafel und für jedes Kind
Zeit: ca. 30 Min. (mit Einführung)

Einführung: Das selbstständige Partnerspiel lässt sich am besten durch eine einführende Demonstration vorbereiten: Ein Kind legt z. B. alle roten Plättchen an die Flanelltafel. Auf das Kommando „Augen zu" schließen die Kinder die Augen, und der Lehrer versteckt ein Plättchen in seiner Hand. Auf die Frage „Welches Plättchen fehlt?" wählen die Kinder das fehlende Plättchen aus ihrem Satz aus und halten es hoch. Je nach Reaktion der Kinder wird dies mehr oder weniger oft wiederholt.
Zeigen die meisten Kinder das richtige fehlende Plättchen, fragt der Lehrer: „Wie sieht das Plättchen, das fehlt, aus?" Antwortet ein Kind nun z. B. „Es ist rot.", deutet er auf die anderen roten Plättchen. So kann er nach und nach zu der genauen Feststellung führen: Das Plättchen ist groß, rot und dreieckig. Das Verbalisieren wird in mehreren Durchgängen erprobt.
Partnerspiel: Ein Kind legt z. B. alle roten Plättchen aus, während der Partner zusieht. Auf das Kommando „Augen zu" schließt dieser die Augen, während das Kind ein Plättchen entfernt und in seiner Hand versteckt. Der Partner öffnet die Augen und versucht, das fehlende Plättchen zu beschreiben. Ebenso wie der Lehrer bei seiner Demonstration, wird das Kind dem Partner helfen, unvollständige Beschreibungen durch Deuten auf vorhandene Plättchen zu ergänzen. Ist das fehlende Plättchen eindeutig bezeichnet, wird gewechselt.
Schwierige Variante: Zwei oder drei Plättchen werden entfernt.

> *„Wenn ich drei Eier aufs Pult lege, und du legst noch zwei dazu, wie viele sind das dann, Franz?"*
> *„Tut mir leid, Herr Lehrer, aber ich kann keine Eier legen!"*

7 Kofferpacken (1) K/G

Ziel: Das gemeinsame Merkmal (mengenbildende Eigenschaft) von Plättchen bestimmen
Material: strukturiertes Material für die Flanelltafel, acht Merkmalskärtchen und ca. zwei Meter Wollfaden für den „Koffer" (vgl. Abb. S. 24)
Zeit: ca. 10–20 Min.

Spielverlauf: Ein Kind wählt für sich ein (später auch zwei) Merkmalskärtchen aus, das die Klasse nicht sehen darf. Diese Karte bestimmt, welche Plättchen in den Koffer gepackt werden. In der Zwischenzeit werden die 18 Flanelltafel-Plättchen an die Kinder verteilt. Reihum halten sie ihr Plättchen hoch und fragen: „Darf mein Plättchen in den Koffer?" Bei der Antwort

„Ja!“ heftet das Kind sein Plättchen in den Koffer an der Flanelltafel und ruft dann den nächsten Frager auf. Wer findet zuerst heraus, welche Plättchen in den Koffer dürfen? Zum Schluss zeigt dann das Kind sein ausgewähltes Kärtchen, damit die Klasse nochmals überprüfen kann, ob der Koffer auch richtig gepackt wurde. Wer zuerst das Merkmal gefunden hat, wählt das nächste Merkmalskärtchen aus.
Der „Koffer“ wird mit einem Wollfaden an der Flanelltafel gelegt.

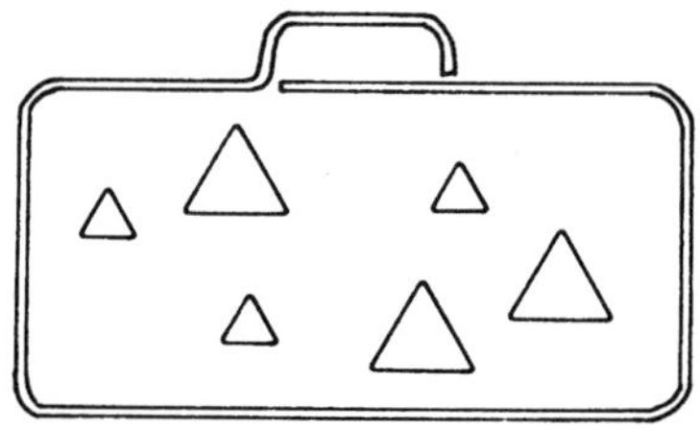

8 ***Mein rechter, rechter Platz ist leer*** **(1) K/G**
Ziel: Die drei Merkmale eines Plättchens angeben
Material: für jedes Kind ein Plättchen aus Flanelltafelpapier
Zeit: ca. 15 Min.

Spielverlauf: Die meisten Kinder kennen und lieben das Spiel vom Kindergarten her. Seine ursprüngliche Form ist deshalb meist schon bekannt. Die Kinder sitzen im Kreis. Ein überzähliger Stuhl ist leer. Jedes Kind hat sich ein Plättchen aus Flanelltafelpapier auf die Brust geheftet. Das Kind, das links vom freien Stuhl sitzt, legt seine Hand darauf und spricht z. B.: „Mein rechter, rechter Platz ist leer. Ich wünsche mir das große, rote Dreieck her.“ Oder kurz: „Das große, rote Dreieck soll kommen.“ Daraufhin setzt sich das Kind mit dem gewünschten Plättchen auf den leeren Stuhl. Das Kind, das nun links vom frei gewordenen Stuhl sitzt, fährt fort.
Kommt ein „falsches“ Kind, so schüttelt der Sprecher den Kopf und schickt es damit wieder an seinen Platz zurück. Wenn das Spiel durch lange Wartezeiten „zäh“ wird, kann folgende Hilfe vereinbart werden: Alle Kinder sehen das Kind mit dem richtigen Plättchen an.
Variante: Wer hergewünscht wurde, gibt sein Plättchen dem Lehrer oder legt es auf seinen Schoß. So wird vermieden, dass die gleichen Kinder mehrmals hergewünscht werden. Wer sein Plättchen abgegeben hat, kann aber trotzdem mit dem Wünschen an der Reihe sein. Also heißt es weiterhin „Aufpassen!“.
Kommentar: Bei diesem Spiel üben die Kinder zwanglos wichtige Verhaltensweisen für den Unterricht ein, nämlich Zuhören, Warten auf den Aufruf und Sprechen nach Aufforderung. Indem nach eigener Wahl zu einem Kind

Kontakt aufgenommen wird, bereitet das Spiel zugleich die Meldekette vor, bei der sich die Kinder gegenseitig aufrufen. Trotz des etwas trocken anmutenden Spielverlaufs habe ich mit diesem Spiel sehr gute Erfahrungen gemacht.

9 *Trennwandspiele* (1/2) P

Ziel: Die Merkmale von Plättchen nennen; die Lagebegriffe (oben, unten, rechts, links) richtig verwenden
Material: für jedes Paar eine Trennwand (geknickter Zeichenblockrücken) und eine Augenbinde; für jedes Kind ein Satz strukturiertes Material
Zeit: ca. 45 Min. (mit Einführung)

Einführung: Am besten zeigt der Lehrer zusammen mit einem Kind, wie das Spiel geht. Die Klasse sitzt um den Tisch. In der Mitte steht ein geknickter Zeichenblockrücken als Trennwand. Auf jedem Platz befindet sich ein Rechenkasten. Das Kind verbindet sich die Augen oder setzt eine Maske auf. Der Lehrer legt nun eine einfache Figur aus vier bis fünf Plättchen. Das Kind nimmt seine Augenbinde ab und legt nach Anweisung des Lehrers die gleiche Figur, z. B.: Lege das große, blaue, viereckige Plättchen hin! Lege oben das große, gelbe, dreieckige Plättchen so an, dass es mit dem blauen zusammenstößt und die Spitze nach oben zeigt! ... Das Kind darf nachfragen, wenn es nicht zurechtkommt. Aber es darf natürlich nicht an der Trennwand vorbeispitzen! Wenn der Lehrer sieht, dass das Kind einen Fehler macht, gibt er zusätzliche Erklärungen. Er darf jedoch nicht die Plättchen des Kindes anrühren. Zum Schluss wird die Trennwand entfernt. Das Kind sieht nun die vom Lehrer gelegte Figur und kann vergleichen.

Zur Einprägung werden die Spielregeln kurz wiederholt:
- Einer legt, der Partner darf nicht spitzen!
- Die Figur genau beschreiben!
- Wenn man etwas nicht verstanden hat, darf man nachfragen, aber nicht spitzen!
- Leise sprechen!

Partnerspiel: Es spielen je zwei Kinder zusammen. Ist ein Paar fertig, so wird gewechselt.

Kommentar: Das genaue Erklären wird durch vorhergehendes selbsttätiges Handeln vorbereitet und durch die Reaktion des Partners stets neu provoziert. Somit schafft das Spiel eine echte kommunikative Situation, die die Kinder zugleich fordert, aber auch stark motiviert. Auch bei mehrfacher Wiederholung verliert das Spiel nicht an Reiz. Darüber hinaus kann es ebenfalls für den Deutschunterricht variiert werden (vgl. Prögel-Band 129, S. 18).

10 ***Spiellied: Mein Hut, der hat drei Ecken*** **(1/2) K**

Text mündl. überliefert, Weise nach neapolitanischem Volkslied

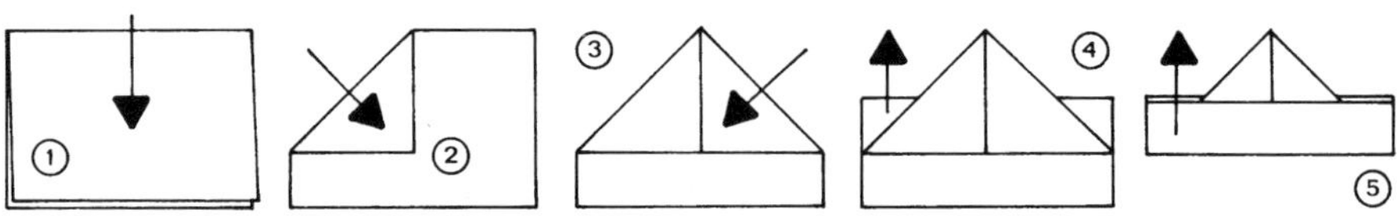

Die Kinder singen das Lied und üben die Handbewegungen ein:

- Beim Wort „H u t" wird eine Hand flach auf den Kopf gelegt.
- Bei „E c k e n" wird auf den Ellenbogen gezeigt.
- Bei „m e i n" wird die Hand auf die Brust gelegt.
- Die Zahl „d r e i" wird mit drei gestreckten Fingern angezeigt.
- „N i c h t" wird durch Kopfschütteln ersetzt.

Wenn die Bewegungen klappen, wird beim Singen jeweils ein Wort mehr durch die entsprechende Bewegung ersetzt:

1. Mein (Hand auf den Kopf), der hat drei Ecken, drei Ecken hat mein (Bewegung!), und hat er nicht drei Ecken, dann ist es nicht mein (Bewegung!).

2. Mein (Hand auf den Kopf), der hat drei (auf den Ellenbogen zeigen), drei (Ellenbogen) hat mein (Hand auf den Kopf), und hat er nicht drei (Ellenbogen), dann ist es nicht mein (Hand auf den Kopf).

   Zum Schluss wird dann nur noch so gesungen:
   … …, der hat … …, … … hat … …, und hat er … … …, dann ist es … … …

Wer ein Wort hineinsingt, muss ein Pfand abgeben. Vorschläge für das Pfänderauslösen finden sich auf S. 98.

11 *Abzählverse* (1) K

1 und 1 istzwei,
die Katze frisst den Brei,
die Katze frisst die Maus,
und du musst raus!

1, 2, 3,
du bist frei,
gib dich drein,
du musst es sein!

1, 2, 3, 4,
auf dem Klavier
sitzt eine Maus
und ruft: Hinaus!

1, 2, 3, 4, 5,
strick mir ein Paar Strümpf,
nicht zu groß und nicht zu klein,
sonst musst du der Fänger sein.

1, 2, 3, 4, 5, 6, 7,
in der Schule wird geschrieben,
in der Schule wird gelacht,
bis die ganze Schule kracht.

1, 2, 3, 4, 5, 6, 7, 8.
Die Post hat einen Brief gebracht.
Leider ist der Brief noch zu,
und ab bist du.

1, 2, 3,
du bist frei,
4, 5, 6,
du bist weg,
7, 8, 9,
und du musst es sein.

1, 2, 3, 4, 5, 6, 7, 8, 9, 10.
Du hast verschlafen und kannst gehn.

*Kommt ein Tausendfüßler zum Arzt: „Mir tut ein Beinchen weh, Herr Doktor."
„So, welches denn?" – „Weiß ich leider nicht, ich kann nur bis hundert zählen."*

12 *Vier in einer Reihe* (1) P

Ziel: Zählen bis 6
Material: für je zwei Spieler zwei andersfarbige Filzstifte und Karopapier
Zeit: ca. 5–10 Min.

Spielverlauf: Abwechselnd zeichnen beide Kinder mit ihrer Farbe je einen Punkt in ein Kästchen. Dabei versucht jeder, eine zusammenhängende Kette von Punkten – waagrecht, senkrecht oder diagonal – zu bilden. Je nach dem Lernstand sollen drei (vier, fünf oder sechs) Punkte zusammenhängen. Wem gelingt es zuerst? Danach beginnt eine neue Runde.

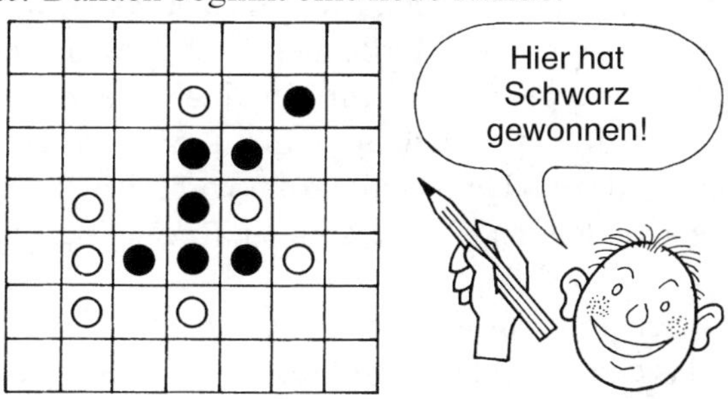

13 *Schlangenspiele* (1/2) E/P

Ziel: Durch Vergleichen zweier Plättchen einen Merkmalsunterschied finden
Material: Plättchen für die Flanelltafel und die Kinder; ein ca. zwei Meter langer Wollfaden
Zeit: 30–45 Min.

Einführung: Der Lehrer legt aus einem Wollfaden den Umriß einer Schlange an die Flanelltafel:

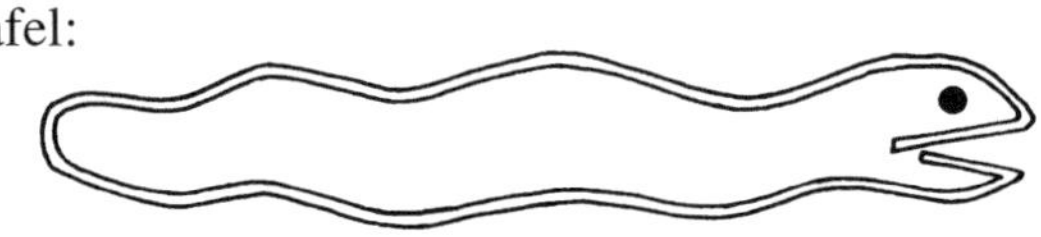

Die Schlange Nimmersatt (oder anderer Fantasiename) hat ein Plättchen nach dem anderen gefressen. Zuerst dieses (dabei lässt der Lehrer ein Plättchen durch das Maul nach links rutschen), dann dieses usf. Zuletzt sieht es in der Schlange so aus:

Die Schlange Nimmersatt hat sich das Plättchen, das sie als nächstes fressen will, jedesmal genau angesehen. Nun beschreibt ein Kind das erste Plättchen: Es ist klein, rot und rund. In einer Tabelle (Tafel, Folie) können die Merkmale zusätzlich angekreuzt werden. Das nächste Kind beschreibt das zweite Plättchen, z. B.: Es ist klein, blau und rund.

○	△	□	r	b	g	|	ı
X			X				X
X				X			X

r = rot
b = blau
g = gelb
| = groß
ı = klein

Beim Vergleich beider Zeilen entdecken die Kinder, dass zwei Kreuze in der gleichen Spalte und damit zwei Merkmale gleich bzw. in der Farbe unterschiedlich sind. Diese Regel wird beim Vergleich des zweiten und dritten Plättchens usf. überprüft. Die Schlange Nimmersatt frisst also immer ein Plättchen, das genau e i n e n Unterschied zum vorherigen hat.
Einzelspiel: Jedes Kind legt nach der erkannten Regel eine Schlange.
Partnerspiel:
- Beide Partner legen abwechselnd ein Plättchen.
- Ein Kind legt, das andere gibt die Merkmale der zu legenden Plättchen an.

Schwierige Varianten:
– Wer kann (möglichst) alle Plättchen zu einer Schlange legen?
– Verändern der Regel: Jedes Plättchen soll zwei Unterschiede haben.

14 *Schleichspiel* (1) K/G

Ziel: Anzahlen bis zehn hörend auffassen
Material: Augenbinde für ein Kind
Zeit: ca. 10 Min.

Spielverlauf: Die Kinder stehen im Kreis oder sitzen auf dem Tisch, damit keine irritierenden Geräusche durch das Rücken der Stühle entstehen. Eines steht mit verbundenen Augen in der Mitte. Nacheinander tippt die Lehrerin/der Lehrer einige Kinder an, die sich leise zu dem „Blinden" schleichen und sich hinter ihn stellen. Nachdem „Fertig!" gerufen wurde, rät das Kind, wie viele Mitspieler hinter ihm stehen. Nennt es eine falsche Zahl, bleibt es weiterhin in der Mitte, wird jedoch nach drei vergeblichen Versuchen abgelöst. Bei richtiger Lösung bestimmt das „blinde" Kind seinen Nachfolger.
Kommentar: Das einfache Spiel ist eine gute Möglichkeit, den Kindern das laute und lästige „Schlurfen" abzugewöhnen und leises Gehen zu üben, das für einen individualisierenden Unterricht unabdingbar ist.

Variante: Schleichen mit Händedrücken
Jeder denkt sich im Stillen eine Zahl: eins, zwei oder drei. Dann gehen die Kinder leise umher und geben sich die Hände. Wer eine Eins ist, schüttelt die Hand des Partners nur einmal, eine Zwei zweimal und die Drei dreimal. Wenn zwei gleiche Zahlen aufeinandertreffen, gehen sie an den Händen gefasst weiter und schütteln jeweils mit der freien Hand die eines neuen Partners usf. Wenn verschiedene Zahlen aufeinandertreffen, z. B. eins und drei, hört der eine nach einmaligem Schütteln auf, während der andere dreimal schüttelt. Dann gehen beide wieder auseinander.
Wichtig ist, dass während des ganzen Spiels geschwiegen wird. Erstaunlicherweise sind am Ende des Spiels oft alle in etwa gleich große Gruppen aufgeteilt.

(aus: *Fluegelman, Andrew:* Die neuen Spiele, Band 2. Ahorn-Verlag, 83132 Pittenhart-Oberbrunn, 1982, S. 177)

Kommentar: Das ruhefördernde Spiel macht auch noch Spaß, wenn man schon weiter als bis drei zählen kann. Die Befürchtung des Lesers, dass die Kinder vielleicht mogeln und je nach Partner die gedachte Zahl plötzlich wechseln, ist meist unbegründet. Und wenn gemogelt wird, so vergessen Sie nicht: Es ist ja „nur" ein Spiel!

15 *Spiellied: Die Acht und die Null* (1)

Text und Melodie Margot Pötschke

(aus: *Pötschke, Margot:* Zeige, was du hörst. Spiellieder aus der Praxis der rhythmisch-musikalischen Erziehung für Kindergarten und Grundschule, Teil 2. Edition Wilhelm Hansen, Frankfurt/M 1970, S. 5)

Vor dem großformatigen Nachspuren auf Tafel und Papier wird der Bewegungsablauf in der Turnhalle mit einem rollenden Ball dargestellt. Dazu sitzen die Kinder mit angezogenen Beinen am Boden, sodass Ober- und Unterschenkel einen „Tunnel" bilden. Indem jeder seinen Ball durch diesen Tunnel rollt, danach um die Füße, dann wieder durch den Tunnel und weiter um die Sitzfläche herum bis wieder zum Tunnel, entsteht eine Achterform. Sie wird bis *Takt* 8 wiederholt. Ab *Takt 9* wird der Ball um Füße und Sitzfläche herumgerollt.
Erhöhte Konzentration erfordert das „blinde" Rollen mit geschlossenen Augen.
Weiterhin können die Acht und die Null auch im Grätschstand auf dem Boden gerollt werden, mit seitlicher Gewichtsverlagerung von einem Bein auf das andere oder um zwei liegende Reifen, die sich nicht berühren dürfen.

16 *Zehn kleine Negerlein – ein Lied in zwei Variationen* (1/2)

Text und Melodie volkstümlich

2. Neun kleine Negerlein, die gingen auf die Jagd.
   Und eins hat sich im Wald verirrt, da waren's nur noch acht.
   Ein klein,. . .

3. Acht kleine Negerlein, die aßen gerne Rüben.
   Und eines hat zu viel gegessen, da waren's nur noch sieben.

4. Sieben kleine Negerlein, die neckten eine Hex.
   Und eines hat sie weggehext, da waren's nur noch sechs.

5. Sechs kleine Negerlein, die gingen ohne Strümpf.
   Und eines schnitt sich in die Zeh, da waren's nur noch fünf.

6. Fünf kleine Negerlein, die spielten mal Klavier.
   Und eines spielt es immer noch, da waren's nur noch vier.

7. Vier kleine Negerlein, die fanden mal ein Ei.
   Sie zankten drum, und eins lief weg, da waren's nur noch drei.

8. Drei kleine Negerlein, die tanzten Ringelreih'.
   Und eines hat zu viel getanzt, da waren's nur noch zwei.

9. Zwei kleine Negerlein, die suchten nach dem Glück.
   Das eine fand's, das andere nicht und blieb allein zurück.

10. Ein kleines Negerlein wollt in die Fremde gehn.
    Da traf es auf die andern neun, da waren's wieder zehn.

Zehn Kinder stehen als „Negerlein“ in der Mitte hintereinander. Um sie herum bilden die übrigen Kinder einen Kreis oder Halbkreis. Bei jeder Strophe tritt ein „Negerlein“ in den Kreis zurück. Am Schluss stehen wieder alle zehn Kinder in der Mitte. Man kann das Wort „Negerlein“ auch durch „Lausekinder“ ersetzen!
Wem das Lied zu traurig ist, kann zur gleichen Melodie diese Version singen:

Zehn kleine Ferkelchen

1. Ein kleines Ferkelchen geht an dem Teich vorbei,
   es hat sein Spiegelbild entdeckt, da waren es schon zwei.

2. Zwei kleine Ferkelchen steh'n in der Bäckerei,
   die Torte wird hereingebracht, und plötzlich sind es drei!

3. Drei kleine Ferkelchen, die kauften sich Papier,
   sie malen sich ein Brüderchen, und so sind es nun vier.

4. Vier kleine Ferkelchen, die waten durch die Sümpf,
   ein Storch kommt durch die Luft daher, und da sind es schon fünf.

5. Fünf kleine Ferkelchen besuchen eine Hex,
und Hokus Pokus Fidibus, da sind es plötzlich sechs.

6. Sechs kleine Ferkelchen, die haben Max geschrieben,
der hat die Koffer vollgepackt, und so sind es nun sieben.

7. Sieben kleine Ferkelchen, die irrten durch die Nacht,
und als sie später abgezählt, da waren's schließlich acht.

8. Acht kleine Ferkelchen, die können sich jetzt freun,
eine Kiste kam aus Afrika, und nun sind es schon neun.

9. Neun kleine Ferkelchen vor deiner Türe stehn,
und holst du sie ins Haus hinein, dann seid ihr alle zehn.

(Günter Hugo Magnus)

(aus: *Kreusch-Jacob, Dorothée:* Ravensburger Lieder, Spielbuch für Kinder. Otto Maier Verlag, Ravensburg 1978, S. 31)

17 *Grüner, grünerHaselstrauch* (1/2)

Text und Melodie mündl. überliefert

Nach jeder Zahl sind die vorangegangenen Strophen in umgekehrter Reihenfolge zu wiederholen:

1. Eins will ich singen, grüner, grüner Haselstrauch.
   Was ist mit dem Einen? Eins ist eins und war stets eins
   und wird's auch immer bleiben.

2. Zwei will ich singen, grüner, grüner Haselstrauch.
   Was ist mit der Zweie? Zwei für den Tag und die Nacht,
   Tag und Nacht sind zweie.
   Eins ist eins und war stets eins und wird's auch immer bleiben.

3. Drei will ich singen, grüner, grüner Haselstrauch.
   Was ist mit der Dreie? Drei für alle guten Dinge.
   Zwei für den Tag und die Nacht, Tag und Nacht sind zweie.
   Eins ist eins und war stets eins und wird's auch immer bleiben.

4. Vier will ich singen, grüner, grüner Haselstrauch. Was ist mit der Viere?
   Vier für die Jahreszeiten, ja vier für die Jahreszeiten.
   Drei für alle guten Dinge.
   Zwei für den Tag …
   Eins ist eins …

5. Fünf will ich singen, … Was ist mit der Fünfe?
   Fünf für die Finger an der Hand.
   Vier für die Jahreszeiten, ja …
   Drei für …
   Zwei für …
   Eins ist eins …

6. Sechs für die Tage der Arbeit

7. Sieben für die Zahl des Zaubers

8. Acht für die Beine der Spinne

9. Neun für die Kegel im Spiele

10. Zehn für alle guten Geister

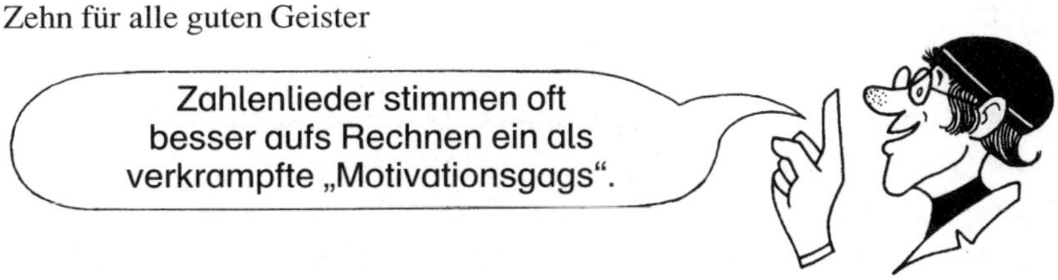

Würfelspiele

Von Herodot ist die Sage überliefert, das Volk der Lykier habe das Würfeln während einer Hungersnot erfunden – sozusagen als Ablenkung von leeren Bäuchen.

Auch heute sind Würfelspiele als zufallsabhängige Glücksspiele bei Jung und Alt beliebt. Der Spielwürfel mit den Augenzahlen von eins bis sechs eröffnet eine Fülle von Spielmöglichkeiten für den Unterricht. Bereits die einfachste Form, die ich gar nicht Spiel zu nennen wage, macht den Kindern so viel Spaß, dass sie sie gerne von sich aus spielen: Ein Kind wirft mit zwei Würfeln (auf einem kleinen Handtuch als lärmdämpfender Unterlage) und schreibt die zugehörige Addition (z. B. $3 + 4 = 7$) ins Heft. Selbstverständlich erzeugt der Würfel oft gleiche Aufgaben mehrmals. Sie werden trotzdem gerne gerechnet!
Es gibt viele Vorschläge, die Augenzahlen der Würfel z. B. durch Aufkleber zu verändern, um auch höhere Zahlen zu erreichen. Dieser Aufwand ist jedoch gar nicht nötig. Durch die Verwendung von zwei oder drei Würfeln lässt sich der Zahlenraum mühelos erweitern. Dazu ist es auch nicht nötig, Würfel in verschiedenen Farben zu verwenden und etwa zu vereinbaren: Der rote Würfel zeigt die Zehner, der schwarze die Einer. Überlassen wir es doch den Kindern selbst, wie sie die geworfenen Zahlen einsetzen! Denn dann können Würfelspiele mehr als Glücksspiele werden, indem sie ein geschicktes Kombinieren und Vorausplanen erfordern.
Die *Spielformen* sind so mannigfaltig, dass es kaum sinnvoll erscheint, sie alle vorzustellen. Vielmehr wurde bei der Auswahl auf jene geachtet, die gleichermaßen Spielfreude und Übungseffekt erzeugen. Zum besseren Überblick lassen sich die nachfolgend vorgeschlagenen Würfelspiele etwa so einordnen:

○ *Würfelspiele mit Spielplan:* Dabei bestimmt der Würfel die Anzahl der vorzurückenden Felder, so wie beim „Mensch-ärgere-dich-nicht"-Spiel. Manchmal muss dabei ein vorgegebenes Ziel erreicht werden, wofür dann auch genug Zeit zu veranschlagen ist; manchmal zählt auch die Anzahl der erreichten Felder, was den Vorteil hat, dass man jederzeit abbrechen kann.

○ *Würfelspiele ohne Spielplan:* Hierbei werden mit den Würfeln Rechenaufgaben erzeugt, die im Kopf oder schriftlich zu lösen sind. Im Rahmen dieser Spielformen lassen sich wiederum unterscheiden:

- Bei *Rundenspielen* wird der Wurf jeder Runde für sich gewertet und jeweils sofort der Rundensieger ermittelt. Da nach jeder Runde abgebrochen werden kann, lassen sie sich von der Zeit her sehr variabel einsetzen. Gewonnen hat bei Spielende derjenige Spieler, der am häufigsten Rundensieger war.
- Bei *Zielspielen* soll eine vereinbarte Zahl erreicht werden, indem mit dem zuletzt erhaltenen Ergebnis jeweils weitergerechnet wird. Da der Spielreiz im Erreichen der Zielzahl liegt, muss ausreichend Zeit eingeplant werden.
- Bei *Endlosspielen* kann „endlos" hin- und hergerechnet werden. Beim jederzeit möglichen Spielende hat derjenige gewonnen, der je nach Vereinbarung die höchste bzw. niedrigste Zahl erreicht hat.

Spielanregungen:

18 Würfelrätsel (1–3), mit KV 1
19 Vorwärts oder rückwärts? (1–3), mit KV 2
20 Die höchste Zahl gewinnt! (1–3)
21 Die verflixte Eins (1–3)
22 Wettrennen (2/3)
23 Wir erwürfeln die Hundertertafel (2), mit KV 3
24 *Lied:* Das Mäuse-Einmaleins (2)
25 Malaufgaben würfeln (2/3), mit KV 4
26 Schlangenfressen (2/3), mit KV 5
27 Wer hat einen Treffer? (1–4)

18 *Würfelrätsel* (1-3) E/P

Ziele: Zerlegen der Zahl 7 (1. Schj.); Addition von Einern mit Zehnerübergang bis 100 (2. Schj.); Addition von ZE und HZE (3. Schj.)
Material: KV 1, im 1. Schj. für schwache Rechner ein Würfel; beim Würfelturm für je zwei Kinder drei oder mehr Würfel
Zeit: variabel

Spielverlauf: Im 1. Schuljahr haben die Kinder bei der Betrachtung eines Würfels herausgefunden, dass die Augensumme auf je zwei gegenüber liegenden Seiten immer sieben beträgt. Es liegen sich also gegenüber eins und sechs, zwei und fünf, drei und vier. Im Anschluss daran erhalten die Kinder das Rätselblatt (KV 1) mit der Aufforderung, in jeder Reihe den einen falschen Würfel anzukreuzen. Schwache Rechner können zusammen mit einem

Partner jede Lösung überprüfen, indem sie einen Spielwürfel entsprechend legen. Die anderen Kinder zerlegen im Kopf.
Lösungen:

	Falsche Würfel	Summe der Würfelaugen				
		oben	links	rechts	gesamt	unten*
1. Reihe	letzter Würfel	24	20	23	67	16
2. Reihe	vorletzter Würfel	23	18	19	60	15
3. Reihe	vierter Würfel	25	19	21	65	16
4. Reihe	dritter Würfel	21	19	23	63	20
5. Reihe	zweiter Würfel	21	22	22	65	19
6. Reihe	erster Würfel	26	22	24	72	14
gesamt		140	120	132	392	100

* ohne den falschen Würfel

Als Zusatzaufgabe können Drittklässler auch noch die Summen aus den unten liegenden Augen der f ü n f r i c h t i g e n Würfel in jeder Reihe bilden.

Würfelturm (2/3): Zur Einführung wird ein Kind gebeten, drei Würfel aufeinanderzulegen, ohne dass der Lehrer dabei zusieht. Dann sagen Sie: Oben liegt eine Vier. Wer kann die verdeckten Zahlen zusammenzählen? – Nach einigen Versuchen der Kinder wird entweder die Lösung gefunden oder von Ihnen gegeben: Wenn man die verdeckten Zahlen zusammenzählt, erhält man 17. Beim Nachprüfen wird der Lösungsweg besprochen: Die Summe von zwei gegenüberliegenden Zahlen ist immer sieben. Um die Summe der verdeckten Zahlen zu erhalten, muss gerechnet werden: 3 x 7 – 4 = 17.
Partnerspiel: Einer baut einen Würfelturm mit drei oder mehr Würfeln. Der andere nennt die Summe der verdeckten Zahlen.

19 *Vorwärts oder rückwärts?* (1–3) E/P

Ziel: Aufgabe und Ergebnis zuordnen
Material: Spielplan KV 2, ein Würfel und eine Spielfigur (Knopf, Radiergummi) bzw. bei zwei Mitspielern zwei unterschiedliche Spielfiguren
Zeit: sehr variabel: Wer gut rechnen kann und Glück hat, kann es in 5 Min. schaffen. Aber meist dauert es länger.

Spielverlauf: Es können entweder zwei Kinder zusammen spielen oder jedes für sich allein. Im ersten Fall liegt der Reiz darin, als Erster das Ziel zu erreichen, im zweiten hingegen, ob das Ziel in der vorgegebenen Zeit überhaupt erreicht wird.
Abwechselnd wird gewürfelt und entsprechend der Augenzahl vorgerückt. Würfelt das Kind z. B. eine Zwei, kommt es auf das Feld mit der Rechnung

Würfelrätsel	KV 1

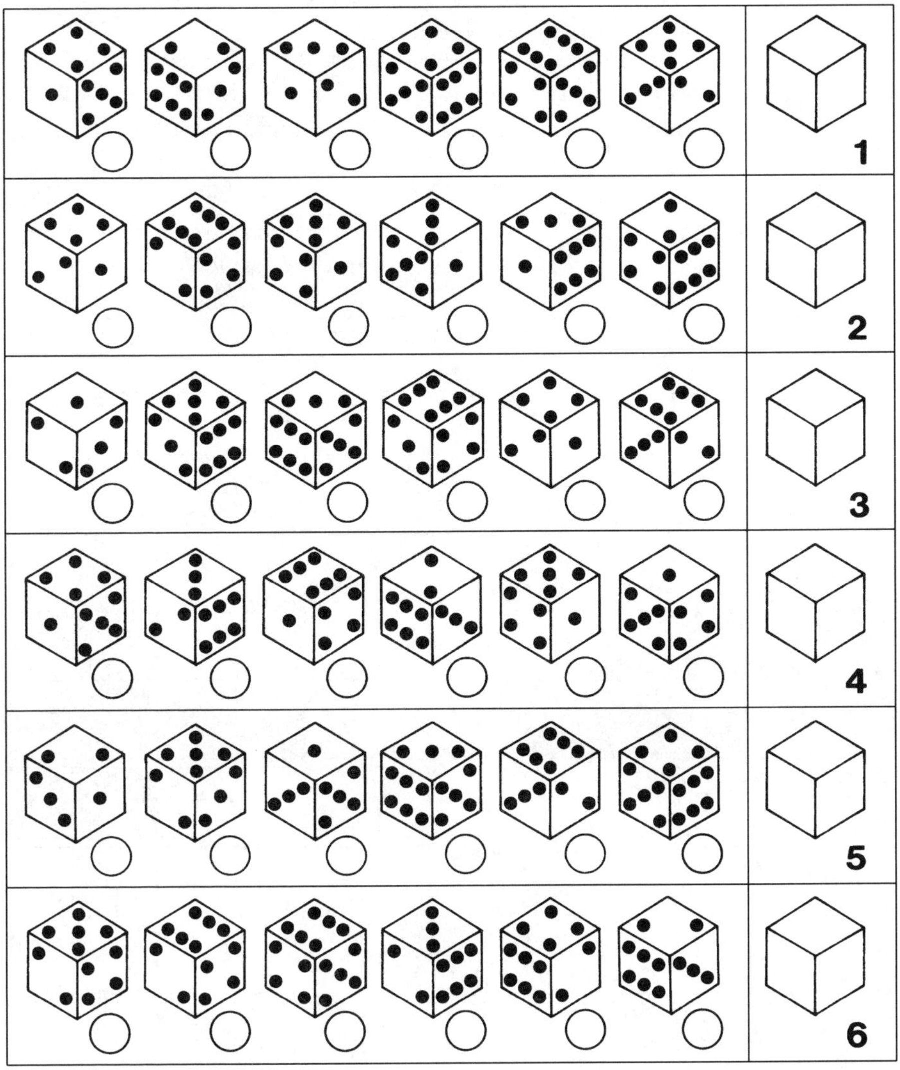

① In jeder Reihe ist ein falscher Würfel. Kreuze ihn an! → ⊗

② Zähle in jeder Reihe alle Würfelaugen zusammen, die oben (rechts, links) sind, und schreibe das Ergebnis in den leeren Würfel!

③ Wie viele Würfelaugen sind auf dem ganzen Blatt zu sehen? →

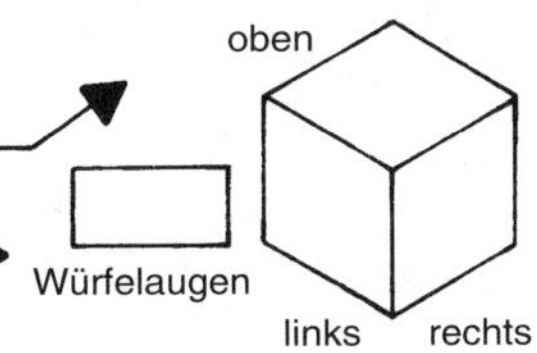

Würfelspiel „Vorwärts oder rückwärts?“	KV 2

Spielregeln: Ziehe von der Aufgabe zum nächsten Ergebnis
oder ziehe von einer Zahl zur nächsten Aufgabe!
Manchmal musst du auch zurück!

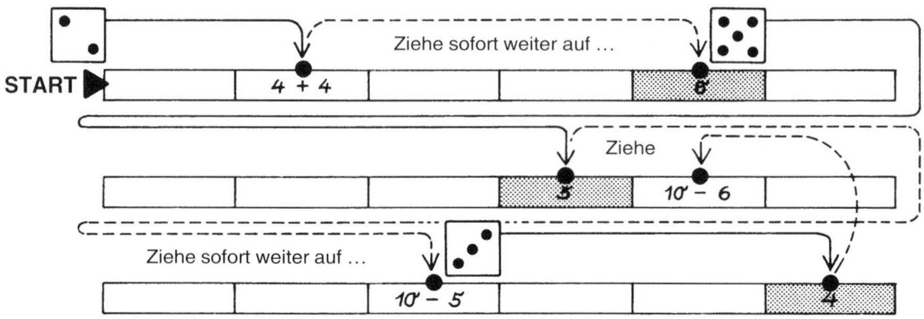

1: 5 + 5	2: 4 + 4	3: 3 + 3	4: 3 + 4	5: 8	6: 10
7: 7	8: 5 + 4	9: 6	10: 5	11: 10 − 6	12: 10 − 7
13: 9	14: 3	15: 10 − 5	16: 10 − 8	17: 10 − 2	18: 4
19: 10 − 3	20: 8	21: 2	22: 10 − 9	23: 7	24: 6 + 3
25: 1	26: 10 − 4	27: 7 + 3	28: 9	29: 3 + 5	30: 6
31: 10	32: 9 − 2	33: 8	34: 10 − 1	35: 9 − 8	36: 6 + 4
37: 7	38: 7 − 5	39: 9	40: 10	41: 8 − 4	42: 1
43: 4	44: 9 − 4	45: 8 − 5	46: 9 − 3	47: 2	48: 2 + 8
49: 6	50: 5 + 2	51: 10	52: 5	53: 2 + 6	54: 3
55: 9 − 5	56: 8	57: 1 + 9	58: 4	59: 7	60: 10 ZIEL

4 + 4. Von dort darf es sofort zum nächsten zugehörigen Ergebnisfeld 8 vorziehen. Hat das Kind beim nächsten Wurf eine Fünf, zieht es fünf Felder weiter und kommt damit auf die Zahl 5. Nun muss es die nächste Aufgabe mit dem Ergebnis 5 suchen und in diesem Fall auf das Feld 10 – 5 gehen. So wird das Vorrücken einerseits durch die gewürfelte Augenzahl bestimmt, andererseits durch die Zuordnung von Rechnung und Ergebnis umgekehrt, wodurch die Figur laufend vorwärts oder rückwärts geht.
Wer auf das letzte Feld, das Ziel, kommt, sei es durch Würfeln oder Zuordnen, ist fertig.
Kommentar: Durch die wiederholte Zuordnung wird ein intensives Training erreicht. Die Aufgaben können je nach den behandelten Lernzielen variiert werden. Für leistungsstarke Kinder, die der Klasse voraus sind, kann dabei auch ein Lerninhalt vorweg genommen werden. Schwächere sollten möglichst mit einem rechensicheren Kind zusammenspielen, das die Vor- und Rückwärtsbewegungen kontrolliert. Gewinnen kann trotzdem das schwächere Kind. Wenn der Lehrer verschiedene Spielpläne verteilt, ist das Spiel gut zur Differenzierung geeignet.

20 *Die höchste Zahl gewinnt!* (1–3) P

Ziel: Addition bis 20, 100 oder 1000; Multiplikation
Material: für jedes Paar zwei Würfel (bis 100) oder drei Würfel (bis 1000) sowie Stift und Papier
Zeit: ca. 30 Min.

Spielverlauf: Die beiden Mitspieler würfeln abwechselnd mit zwei Würfeln, addieren die beiden geworfenen Zahlen im Kopf und notieren die Summe. Nach jeder Runde werden die beiden Summen verglichen. Wer die höhere Zahl erreicht hat, kreist sie ein. Gewonnen hat, wer beim jederzeit möglichen Spielende die meisten Zahlen einkreisen konnte.
Spielmöglichkeiten im 1. Schuljahr:
– Mit zwei Würfeln Addition bis 12
– Mit drei Würfeln Addition bis 18

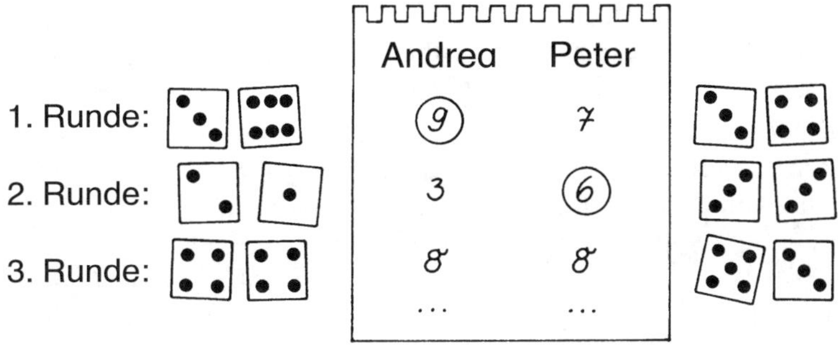

○ *Varianten für das 2. Schuljahr:*

– Die Augenzahlen der beiden Würfel werden jeweils miteinander multipliziert und dann das Produkt notiert. Wiederum darf jeweils das höhere Produkt eingekreist werden.

– Die beiden Würfe werden als Zehner und Einer gezählt. Jeder würfelt zweimal und erhält so zwei Zehner-Einer-Zahlen zum Addieren (oder auch Subtrahieren). Damit die Zahlen nicht vergessen werden, empfiehlt es sich, die gesamte Rechnung notieren zu lassen. Die Kinder entscheiden jeweils selbst, welchen Wurf sie als Zehner bzw. Einer rechnen.
Wenn bei der Subtraktion die erste Zahl kleiner ist als die zweite, werden die Zahlen vertauscht.

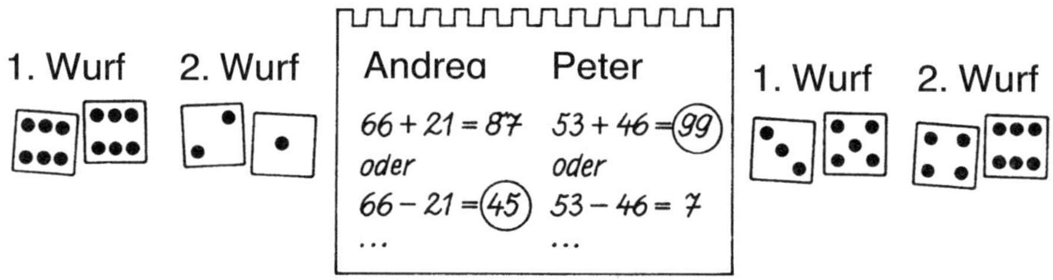

○ *Himmel und Erde* (für gute Rechner): Abwechselnd wird wieder mit zwei Würfeln gespielt. Die Augen oben zählen als Zehner, die (unsichtbaren) Augen unten als Einer.

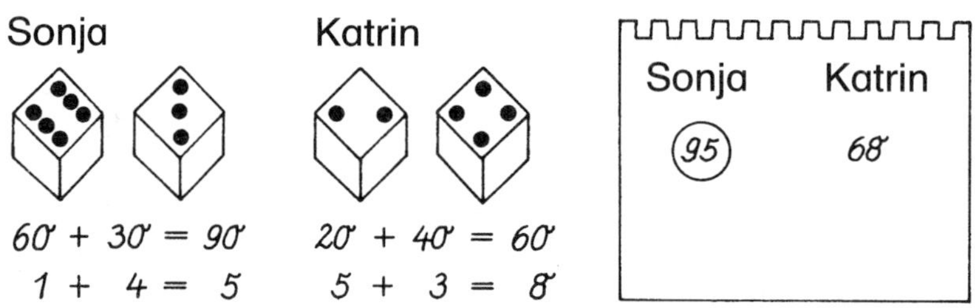

Hierbei wird zum stellenweisen Addieren (Zehner plus Zehner, Einer plus Einer) angeregt. Wird das Ergebnis größer als 100, so darf nochmals gewürfelt werden. Gute Rechner rechnen allerdings oft gerne über den schon erarbeiteten Zahlenraum hinaus und können dies auch zum Teil. Nach jeder Runde wird wiederum die höhere Ergebniszahl eingekreist.

○ *Variante für das 3. Schuljahr:*
Die drei Würfe werden als Hunderter, Zehner und Einer gezählt. Jedes Kind würfelt zweimal und erhält so zwei HZE-Zahlen zum Addieren oder auch Subtrahieren. Wer die größte Zahl erreicht, unterstreicht sie.
Wenn zu wenig Würfel da sind, kann man auch mit e i n e m Würfel dreimal würfeln und daraus eine HZE-Zahl bilden.

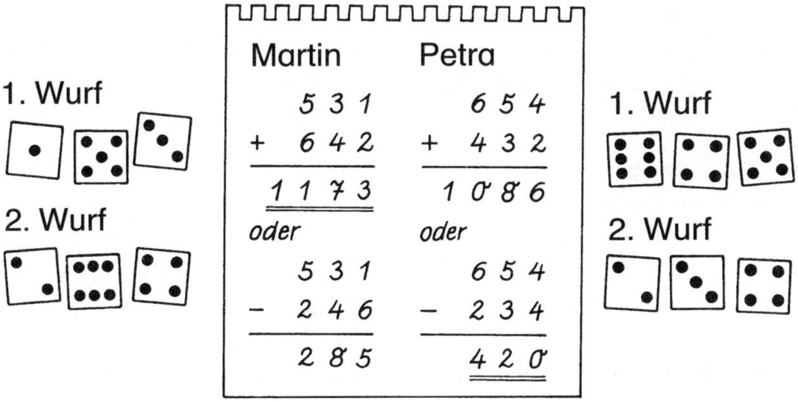

○ ***Eins und Sechs P/G***

Zwei bis vier Kinder würfeln reihum einmal abwechselnd mit zwei oder drei Würfeln. Für jede Eins gibt es 100 Punkte, für jede Sechs 60 Punkte. Die anderen Augen zählen nach ihrem eigentlichen Wert. Jeder schreibt seine gewürfelten Punkte auf und zählt dann die der nächsten Runde dazu. Gewonnen hat, wer bei Spielende die höchste Punktzahl hat. Es kann auch eine Zielzahl vereinbart werden, an die man möglichst nahe herankommen muss.

„Wieder habe ich im Lotto keine einzige Zahl richtig!“, schimpft der Vater. „Mach dir nichts draus“, tröstet ihn Julia, „mir ging's gestern in der Rechenprobe genauso!“

Mutter: „Fünf Einser hat der Lehrer dir gegeben? Ich sehe aber nur eine Fünf.“ Susi: „Oh, dann hat er sie sicher gleich zusammengezählt. „

Markus hat ein sehr schlechtes Zeugnis bekommen. Der Vater ist wütend: „Du könntest der Beste in der Klasse sein, wenn du nicht so faul wärst!“ „Papa“, fragt Markus, „bekommst du in deiner Firma das höchste Gehalt?“

21 *Die verflixte Eins* (1–3) P

Ziel: Addieren von Einern bis 100
Material: Würfel, Stift und Papier
Zeit: ca. 15 Min.

Spielverlauf: Jeder Spieler darf hintereinander so oft würfeln, wie er will. Dabei addiert er fortlaufend im Kopf die geworfene Zahl zur letzten Summe dazu, z. B. gewürfelt 2, 3, 4, 2, 6: **2** + **3** = 5, 5 + **4** = 9, 9 + **2** = 11, 11 + **6** = 17 usf. Wird jedoch eine Eins gewürfelt, muss der Spieler aufhören, und seine bisher erreichte Zahl ist ungültig. Er notiert dann als Ergebnis eine Null. Es heißt deshalb, rechtzeitig mit dem Würfeln aufzuhören, um so eine Eins zu vermeiden. In diesem Fall wird dann die erreichte Zahl notiert.

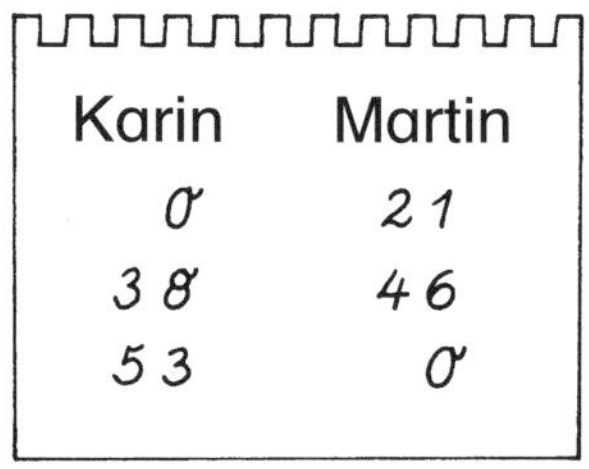

Zum Schluss wird gezählt, wer am häufigsten Null hatte und damit verloren hat. Im 3. Schuljahr kann jeder seine Zahlen addieren und somit die Gesamtpunktzahl feststellen.
Kommentar: Die meisten Kinder spielen dieses Spiel leidenschaftlich. Oft klappern schon vor Unterrichtsbeginn und auch in der Pause die Würfel. Auch zu Hause spielen Eltern und Kinder gerne gegen die „verflixte Eins".
Varianten: Weniger spannend, aber auch weniger frustrierend ist es, wenn die Eins noch addiert werden darf und lediglich das Würfeln beendet, ohne das bisherige Ergebnis zu löschen.

> *Susi soll die Zahl 11 an die Tafel schreiben. Bedächtig schreibt sie eine Eins. „Nun, weiter, so schreib doch!", drängt die Lehrerin ungeduldig.*
> *Susi blickt sie treuherzig an: „Ich weiß nicht, kommt die zweite Eins jetzt links oder rechts von der ersten?"*

22 *Wettrennen* (2/3) P/E

Ziele: Addition und Subtraktion bis 100
Material: ein (zwei) Würfel; für schwache Rechner ein Schneidermaßband (oder eine Hundertertafel) und eine Spielfigur (Radiergummi, Wäscheklammer)
Zeit: ca. 30 Min.

Spielverlauf: Durch fortlaufende Addition oder Subtraktion der gewürfelten Zahlen soll entweder eine vorher festgelegte Zahl (50, 100, 0) erreicht oder in einem bestimmten Zeitraum bei einer möglichst hohen bzw. niedrigen Zahl angelangt werden.

Möglicher Spielverlauf:

	Addition	Subtraktion
1.Wurf:	0 + **3** = 3	100 – **3** = 97
2. Wurf:	3 + **5** = 8	97 – **5** = 92
3. Wurf:	8 + **4** = 12	92 – **4** = 88
…		

Einzelspiel: Jeder würfelt für sich und notiert seine Rechnungen. Als Hilfe kann mit einer Figur auf dem Maßband entsprechend gezogen oder eine Wäscheklammer gesteckt werden.
Spiel für zwei oder drei Kinder: Die Kinder würfeln abwechselnd, rechnen jeweils mit der Zahl des Partners weiter und notieren die Rechnungen auf einem gemeinsamen Blatt. Welches Paar ist zuerst am Ziel?
Die Kinder spielen nicht miteinander, sondern gegeneinander. Jedes notiert dann seine Rechnungen auf einem gesonderten Blatt. Am Maßband kann auch mit Rauswerfen gespielt werden (entweder 10 zurück- oder vorgehen).

Varianten:
- Fragen Sie einmal die Kinder, wie man das Spiel noch verändern könnte!
- Mit zwei Würfeln spielen und jeweils die Summe addieren bzw. subtrahieren.
- Glücks- und Pechzahlen: Wer auf eine Zahl mit dem Einer 5 kommt, darf zur nächsten Zehnerzahl vorrücken. Wer auf eine Zahl mit dem Einer 4 kommt, muss zur vorhergehenden Zehnerzahl zurück (Vorübung zum Runden!).

23 *Wir erwürfeln die Hundertertafel* (2) P/G

Ziel: Addition (auch Subtraktion, Multiplikation und Division) bis 100
Material: für jedes Paar eine ausgefüllte Hundertertafel (KV 3); ein (zwei, drei) Würfel, für jedes Kind eine unterschiedliche Spielfigur
Zeit: ca. 30 Min.

Spielverlauf: Zuerst setzen beide Mitspieler ihre Figur auf das Feld 1 der Hundertertafel (Startfeld). Nun würfelt das erste Kind (z.B. eine Drei), addiert zu der Zahl seines Feldes (hier: 1) die gewürfelte Augenzahl (hier: 3) und rückt auf die Ergebniszahl (hier: 4) vor. Dann ist das nächste Kind an der Reihe. Wer zuerst 50 (oder 100) erreicht, hat gewonnen.

Varianten:

- *Mit zwei Würfeln:* Es werden die beiden gewürfelten Augenzahlen addiert, z. B. 6 + 6 = 12, und als Summe zur bisher erreichten Feldzahl gezählt. Das geht natürlich schneller als mit einem Würfel!
- *Mit einem oder zwei Würfeln:* Es wird bei 100 begonnen und schrittweise von 100 subtrahiert, bis man Null erreicht.
- Es werden die Augenzahlen der beiden Würfel miteinander multipliziert und zur bisher erreichten Feldzahl addiert.
- *Mit drei Würfeln:* Es wird jeweils die Summe aus den drei gewürfelten Augenzahlen addiert bzw. subtrahiert.
- *Zahlen tippen (mit einem Würfel):* Bis zu vier Mitspieler tippen nacheinander zuerst blind auf eine Zahl in der Hundertertafel. Jeder notiert seine Zahl. Dann wird reihum gewürfelt. Die gewürfelte Augenzahl bestimmt, wie viele Aufgaben er zur getippten Zahl notieren muss. Wurde z. B. die Zahl 56 getippt und eine Vier gewürfelt, sind vier beliebige Aufgaben mit der Zahl 56 als Ergebnis aufzuschreiben, z. B.:

  $$\begin{aligned} 7 \times 8 &= 56 \\ 100 - 44 &= 56 \\ 28 + 28 &= 56 \\ 60 - 4 &= 56 \end{aligned}$$

  Wer fertig ist, lässt seine Rechnungen von einem ebenfalls fertigen Kind nachprüfen. Für jedes richtige „Päckchen“ malt der Kontrolleur einen Siegerpunkt. Dann beginnt eine neue Runde. Gewonnen hat, wer am Schluss die meisten Siegerpunkte auf seinem Blatt hat. Nach Spielende überprüft der Lehrer die Richtigkeit nochmals.

Kommentar: Beim Vorrücken auf der Hundertertafel haben die Kinder den Hunderter stets anschaulich vor sich. Man kann auch hier mit „Rauswerfen“ spielen, indem man den Mitspieler, wenn man auf ein von ihm belegtes Feld trifft, zur vorhergehenden Zehnerzahl zurückschickt.

> *Franz gibt wieder einmal an: „Über Fußball weiß ich einfach alles!“ – „Gut“, sagt Hilde, „und wie viele Maschen hat das Tornetz?“*
>
> *Thomas kommt vom Fußballspiel nach Hause. Peter fragt: „Wie ist es ausgegangen?“ – „Null zu null“, antwortet Thomas. Peter: „Und wie stand es in der Halbzeit?“*
>
> *Der Lehrer schreibt 2 : 2 an die Tafel. Niemand meldet sich. Schließlich hebt Frank den Finger: „Das bedeutet Unentschieden!“*

Hundertertafel

KV 3

1	**2**	**3**	**4**	**5**	**6**	**7**	**8**	**9**	**10**
11	**12**	**13**	**14**	**15**	**16**	**17**	**18**	**19**	**20**
21	**22**	**23**	**24**	**25**	**26**	**27**	**28**	**29**	**30**
31	**32**	**33**	**34**	**35**	**36**	**37**	**38**	**39**	**40**
41	**42**	**43**	**44**	**45**	**46**	**47**	**48**	**49**	**50**
51	**52**	**53**	**54**	**55**	**56**	**57**	**58**	**59**	**60**
61	**62**	**63**	**64**	**65**	**66**	**67**	**68**	**69**	**70**
71	**72**	**73**	**74**	**75**	**76**	**77**	**78**	**79**	**80**
81	**82**	**83**	**84**	**85**	**86**	**87**	**88**	**89**	**90**
91	**92**	**93**	**94**	**95**	**96**	**97**	**98**	**99**	**100**

1	2	3	4	5
6	7	8	9	10
11	12	13	14	15
16	17	18	19	20
21	22	23	24	25

1	2	3	4	5	6
7	8	9	10	11	12
13	14	15	16	17	18
19	20	21	22	23	24
25	26	27	28	29	30
31	32	33	34	35	36

24 *Das Mäuse-Einmaleins* (2)

Worte: Eugen Hubrich, Weise: Ferdinand Neumaier

2. Zwei mal zwei ist vier, schnell schlupf ich durch die Tür.
   Schleck so gern von jedem Schüsserl, hier ein bisserl, dort ein bisserl.
   Zwei mal zwei …
3. Drei mal drei ist neun, wo könnts denn schöner sein?
   Such mir Speck und Zuckerstangen, lass mich nicht vom Katzerl fangen.
   Drei mal drei …
4. Vier mal zwei ist acht, die Tür hat laut gekracht.
   Lauf, mein liebes Mi-ma-mäuserl, in dein kleines Hi-ha-häuserl!
   Vier mal zwei ist acht, und jetzt wird Schluss gemacht.

(aus: Sing ma a weng. Bayerischer Schulbuch-Verlag, München)

25 *Malaufgaben würfeln* (2/3) G/P/E

Ziel: Üben der Einmaleinsreihen

Material: KV 4; für jedes Spielerpaar (evtl. auch Dreiergruppe) zwei (drei) Würfel und zwei Stifte in verschiedenen Farben

Zeit: 20–40 Min. (Das Ausfüllen der Tabellen kann auch auf zwei Tage verteilt werden.)

Das „Malaufgaben-Würfeln" kann in vielen Varianten gespielt werden, die hier der Übersichtlichkeit halber unter einer Spielform zusammengefasst werden.

○ *Einfachstes Spiel* (ohne Spielplan): Zwei Kinder würfeln abwechselnd mit zwei oder drei Würfeln und bilden daraus Malaufgaben, z. B.:

	3 · 5 = 15	und	5 · 3 = 15
	4 · (5 + 3) = 32 3 · (5 + 4) = 27 5 · (3 + 4) = 35	und und und	8 · 4 = 32 9 · 3 = 27 7 · 5 = 35

Jeder notiert seine Rechnung nach der Bestätigung durch den Partner auf einem gemeinsamen Blatt. Welches Paar schafft die meisten Rechnungen? Am besten spielen jeweils ein guter und ein weniger guter Rechner zusammen.

○ *6* x *6-Spiel I* (KV 4)
Die beiden Mitspieler würfeln abwechselnd mit zwei Würfeln und multiplizieren beide Augenzahlen miteinander, z. B. $3 \cdot 4 = 12$, $4 \cdot 3 = 12$. Bevor ein Kind die beiden Produkte in den Spielplan einträgt, nennt es seinem Partner das Ergebnis und wartet sein Nicken als Bestätigung ab. Dann ist der Partner an der Reihe, der seine beiden Ergebniszahlen in den gleichen Spielplan einträgt. Wenn ein Kind auf einer schon eingetragenen Zahl landet, darf es nochmals würfeln. Welches Paar hat seinen Spielplan zuerst ausgefüllt?

○ *6* x *6-Spiel II* (KV 4)
Diesmal wird nicht miteinander, sondern gegeneinander gespielt. Dabei benutzt jedes Kind beim Eintragen eine eigene Farbe. Wenn man auf einem bereits besetzten Feld landet, darf kein zweites Mal gewürfelt werden. Wer konnte die meisten Felder mit seiner Farbe beschriften?

○ *12* x *12-Spiel I* (KV 4)
Das Spiel kann wie das 6 x 6-Spiel miteinander oder gegeneinander gespielt werden, nur werden diesmal drei Würfel verwendet, wodurch mit einem Wurf gleich sechs Zahlen belegt werden können.
Vorschlag: Zuerst wird miteinander gespielt, dabei werden die Zahlen mit Bleistift eingetragen. Nach der Lehrerkontrolle der Tabelle wird gegeneinander gespielt, und die Zahlen werden in zwei unterschiedlichen Farben nachgefahren, wenn man sie erreicht.
Dabei genügt es im 2. Schuljahr, wenn das 10 x 10-Feld des Spielplans ausgefüllt ist.

○ *12* x *12-Spiel II* (KV 4)
Eine Gruppe mit zwei, drei oder maximal vier Spielern füllt eine Tabelle gemeinsam aus. Dazu verwendet jeder eine andere Farbe. Die Zahlen werden nun nicht durch Würfeln, sondern durch fortlaufendes Zählen bestimmt. Reihum wird bei der Eins beginnend bis 100 gezählt. Es beginnt das erste Kind bei Eins und trägt seine Zahl als Produktwert bei $1 \cdot 1$ in die Tabelle mit seiner Farbe ein. Das zweite Kind trägt Zwei bei $1 \cdot 2$ und $2 \cdot 1$ ein usf. Die genannte Zahl darf also in alle entsprechende Felder eingetragen werden. Übersieht ein Kind eine Möglichkeit, darf es sie nach dem Weitergeben nicht mehr eintragen. Macht ein Kind einen Fehler, darf der nächste Spieler zuerst berichtigen und dann weiterzählen. Gewonnen hat, wer die meisten Zahlen in seiner Farbe eintragen konnte.

○ *12 x 12-Spiel III* (KV 4)

Zwei Kinder spielen zusammen. Sie brauchen eine leere Einmaleinstabelle (KV 4), einen Würfel, zwei verschieden farbige Stifte und zwei unterschiedliche Spielfiguren. Zuerst sucht sich jeder ein beliebiges Feld als Startfeld, trägt in das Feld mit seiner Farbe das zugehörige Produkt ein und setzt seine Spielfigur darauf. Nun würfelt das erste Kind, zieht mit seiner Spielfigur entsprechend viele Felder in eine beliebige Richtung weiter und trägt in das Feld mit seiner Farbe den zutreffenden Produktwert ein. Dann würfelt das zweite Kind und bezeichnet das Feld, auf das es kommt, mit seiner Farbe ebenso. Im weiteren Verlauf muss immer so gezogen werden, dass man ein freies Feld erreicht. Kann ein Spieler nicht ziehen, weil alle umliegenden Felder besetzt sind, verfällt der Wurf. Wenn ein Kind nicht die richtige Lösung findet, darf der Partner das Feld mit seiner Farbe füllen, oder der Wurf verfällt wiederum. Gewonnen hat, wer in der Tabelle die meisten Zahlen mit seiner Farbe eintragen konnte.

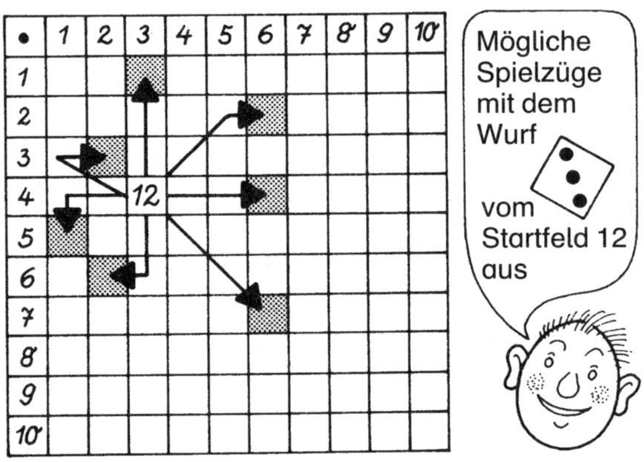

Möglicher Spielverlauf: Ein Kind hat 12 als Startfeld gewählt und die Zahl mit Rot eingetragen. Es hat eine Drei gewürfelt und hat mehrere Möglichkeiten zum Weiterziehen (3, 12, 24, 42, 12, 5, 6).

○ *Einmaleins-Wettrennen (P)*

Als Spielplan dient hier ein Schneidermaßband, das bis 36 (bzw. 72) abgerollt wird. Die beiden Kinder spielen mit zwei (drei) Würfeln und zwei unterschiedlichen Spielfiguren. Kind 1 würfelt z. B. drei und fünf (bzw. drei, fünf, zwei), rechnet laut $3 \cdot 5 = 15$ (bzw. $3 \cdot (5 + 2) = 21$) und setzt seine Figur auf 15 (bzw. 21). Nun würfelt das andere Kind und setzt seine Figur entsprechend. Würfelt Kind 1 beim zweiten Mal $2 \cdot 2$, muss es auf die Vier zurück. Je nach der gewürfelten Malaufgabe wird also auf dem Maßband vor-oder zurückgezogen. Wer bei Spielende auf der höchsten Zahl steht, hat gewonnen.

Wir würfeln Malaufgaben

KV 4

① Spielregeln:

Würfelt abwechselnd mit zwei Würfeln! Hast du zum Beispiel  gewürfelt, kannst du zwei Malaufgaben rechnen:

$3 \cdot 4 = 12$

$4 \cdot 3 = 12$

Trage nun die 12 zweimal in die Tabelle ein!

Spiel 1

·	1	2	3	4	5	6
1						
2						
3						
4						
5						
6						

Spiel 2

·	1	2	3	4	5	6
1						
2						
3						
4						
5						
6						

② Spielregeln:

Würfelt abwechselnd mit drei Würfeln! Hast du zum Beispiel  gewürfelt, kannst du gleich sechs Zahlen eintragen:

$4 \cdot 8 = 32$

$8 \cdot 4 = 32$

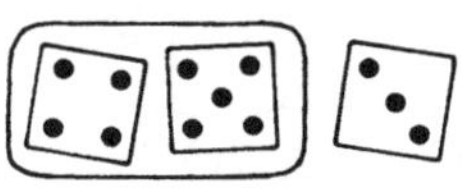

$9 \cdot 3 = 27$

$3 \cdot 9 = 27$

$5 \cdot 7 = 35$

$7 \cdot 5 = 35$

·	1	2	3	4	5	6	7	8	9	10	11	12
1												
2												
3												
4												
5												
6												
7												
8												
9												
10												
11												
12												

„Peter, wieviel ist zwei mal drei?", fragt der Dorfschullehrer.
„Sechs", antwortet Peter.
„Richtig, und zur Belohnung bekommst du sechs Pflaumen aus meinem Garten."
„Wenn ich das gewusst hätte", flüstert Peter seinem Nachbarn zu, „hätte ich mehr gesagt."

Lehrer: „Zwei mal zwei ist vier, drei mal drei ist neun. Doch wieviel ist achtzehn mal neunzehn?"
Fritzchen: „Das haben wir gern. Die leichten Fragen beantworten Sie selbst, und bei den schweren müssen wir ran."

Lehrer: „Was gibt 3 · 7, Fritzchen?"
„Fritzchen: „Feinen Sand, Herr Lehrer."

Ein Mann sitzt in der Badewanne. „Blöde Medizin", schimpft er.
„Dreimal täglich fünfzehn Tropfen in warmem Wasser einnehmen."

„Und was ist nun 8 · 4?", fragt der Lehrer.
Antwortet Suse: „Ich glaub, das ist ein Deo oder so!"

26 *Schlangenfressen* (2/3) P/G

Ziel: Rechenfertigkeit in den vier Grundrechnungsarten
Material: KV 5, für jede Gruppe 3 Spielwürfel, für jeden Mitarbeiter einer Gruppe ein Stift in einer anderen Farbe
Zeit: ca. 15 Min.

Spielverlauf: Zu Beginn trägt jeder der (bis zu vier) Mitspieler seinen Namen über einer Zahlenschlange ein. Dann wird mit drei Würfeln reihum gewürfelt. Ziel ist es dabei, aus den drei geworfenen Zahlen eine Rechenaufgabe zu bilden, die eine Zahl aus der Schlange als Ergebnis hat. Gelingt es einem Spieler, durch geschicktes Kombinieren von Addition, Subtraktion, Multiplikation oder Division eine noch offene Zahl aus seiner Schlange zu erhalten, darf er diese streichen. Andernfalls muss er die Würfel weitergeben. Gewonnen hat, wer zuerst alle Zahlen gestrichen und seine „Schlange gefressen" hat.
Kommentar: Zur Einführung kann man sich zunächst auf Addition und Multiplikation beschränken und so das Spiel vereinfachen. Da die Kinder hier selbstständig Aufgaben bilden und Zahlen geschickt kombinieren müssen, kann der Spielbogen mehrfach verteilt werden. Damit die Mitspieler die Aufgabenbildung rasch nachvollziehen und überprüfen können, empfiehlt es sich, den Spieler, der an der Reihe ist, seine Aufgabe laut vorrechnen zu lassen, z. B. 3 + 4 + 1 = 8.
Spaß macht es den Kindern auch, selbst Zahlenschlangen zu erfinden, die als höchstmögliche Zahl 216 (6 · 6 · 6) enthalten dürfen.

(aus: *Brokatzky, Doris/Homann, Gerhard:* Lernspiele im Mathematikunterricht. In: Die Grundschule 1980/Heft 12. Westermann, Braunschweig, S. 552.)

Schlangenfressen

KV 5

Spielregeln:
Ihr braucht drei Würfel und für jedes Kind einen Stift in einer anderen Farbe.
Würfelt abwechselnd mit allen drei Würfeln! Mit jeder gewürfelten Zahl darf nur einmal gerechnet werden: Zusammenzählen, Anziehen, Malnehmen oder Teilen.
Wenn du eine Zahl aus deiner Schlange als Ergebnis erhälst, darfst du sie durchstreichen.
Wenn nicht, musst du die Würfel weitergeben.

Beispiel:

$5 \cdot 4 + 3 = 23$ Streiche 23!

$6 \cdot 5 - 6 = 24$ Streiche 24!

Name | Name | Name | Name

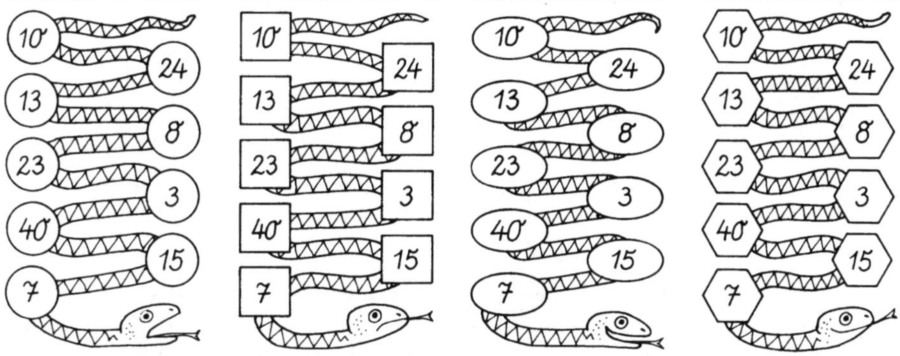

Schreibt neun verschiedene Zahlen in eure Schlange und spielt noch einmal!

Name | Name | Name | Name

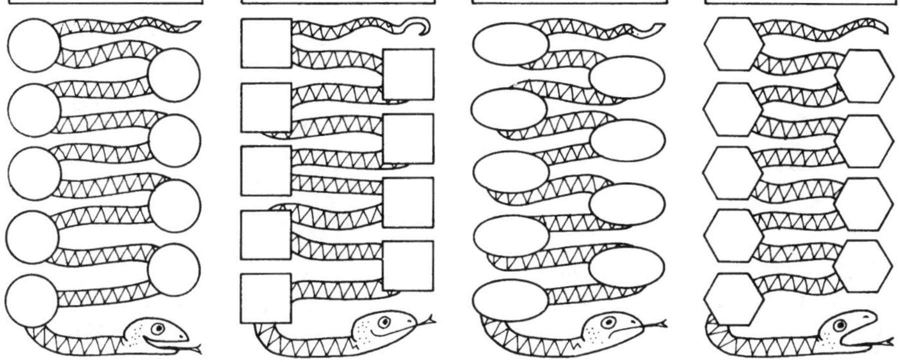

„Du hast acht Äpfel, Susi", sagt die Lehrerin, „wenn du nun deiner Schwester die Hälfte abgibst, wie viele hast du denn noch?"
„Fünf."
„Aber Susi, du wirst doch wohl noch acht durch zwei teilen können!"
„Ich schon, aber meine kleine Schwester nicht."

27 *Wer hat einen Treffer?* (1–4) P

Ziel: Durch Addition oder Subtraktion vorgegebene Zielzahlen erreichen
Material: Stift und Papier, für je zwei Kinder bis zu drei Würfel
Zeit: je nach Schwierigkeitsgrad unterschiedlich

○ *Trefferspiel I* (1. Schuljahr – ca. 5 Min.)
Jedes Paar schreibt auf ein gemeinsames Blatt zweimal die Zahlen von eins bis sechs auf. Beide würfeln abwechselnd. Jeder streicht die gewürfelte Zahl auf dem Blatt durch (z. B. drei gewürfelt – drei durchgestrichen). Welches Paar hat zuerst alle Zahlen streichen können?

○ *Trefferspiel II* (1. Schuljahr – ca. 10 Min.)
– Jedes Paar schreibt die Zahlen von null bis neun auf ein gemeinsames Blatt. Es wird abwechselnd mit e i n e m Würfel gewürfelt und eine vereinbarte Zahl, z.B. drei, entweder addiert oder subtrahiert. Würfelt ein Kind z.B. eine Vier, rechnet es im Kopf 4 + 3 = 7 und streicht die Zahl 7; falls diese schon gestrichen ist, kann es auch 4 – 3 = 1 rechnen und dann die Eins streichen. Welches Paar hat zuerst alle Zahlen streichen können?
Je nach Vereinbarung können auch andere Zahlen addiert oder subtrahiert werden. Dann wird der Zahlenraum entsprechend erweitert (bei plus 4 bis 10, bei plus 10 bis 16).
– Jedes Paar schreibt die Zahlen von null bis zwölf (18) auf und würfelt abwechselnd mit zwei (drei) Würfeln. Nun werden die geworfenen Augenzahlen addiert oder subtrahiert und die entsprechenden Ergebniszahl wiederum gestrichen, z. B.:

6 + 6 = 12
oder
6 – 6 = 0

6 + 6 + 6 = 18
oder
6 + 6 – 6 = 6

Welches Paar hat zuerst alle Zahlen streichen können?

○ *Trefferspiel III* (2. Schuljahr – ca. 30 Min.)
An der Tafel werden zehn Zahlen vorgegeben, z. B. die Zahlen von 90 bis 99, die alle von einem Paar erreicht werden sollen, und zwar durch fortlaufende Addition von 9 (Zehnerübergang!). Zuerst würfelt Kind 1 mit zwei Würfeln seine Startzahl, z. B. 53. Nun addiert es schriftlich so oft 9, bis es einen Treffer hat. Kind 2 überprüft beim Schreiben, würfelt dann eine neue Startzahl und addiert ebenfalls immer 9.

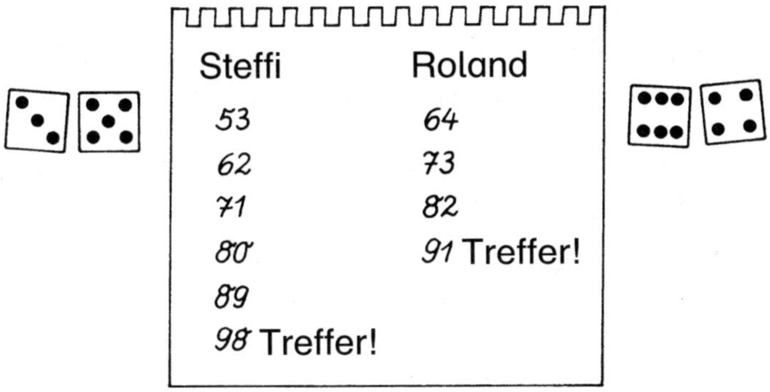

Wird die gleiche Startzahl zum zweiten Mal gewürfelt, darf nochmals gewürfelt werden.
Analog können auch die Zahlen von 0 bis 9 vorgegeben und es kann von den erwürfelten Startzahlen immer 9 subtrahiert werden.

○ *Genau auf 100* (2./3. Schuljahr – ca. 10 Min.)
Ziel ist es, mit zwei Würfeln je eine Zehner-Einer-Zahl zu würfeln, diese fortlaufend zu addieren, bis man genau auf 100 kommt. Dabei müssen die Augenzahlen geschickt als Zehner oder Einer gewählt werden. Wer über 90 kommt, darf einen Würfel weglegen. „Schießt" man über das Ziel 100 hinaus, darf subtrahiert werden. Zwei Kinder spielen abwechselnd zusammen und notieren unter der Kontrolle eines Partners ihre Rechnungen. Welches Paar trifft die 100 zuerst?
Möglicher Spielverlauf:

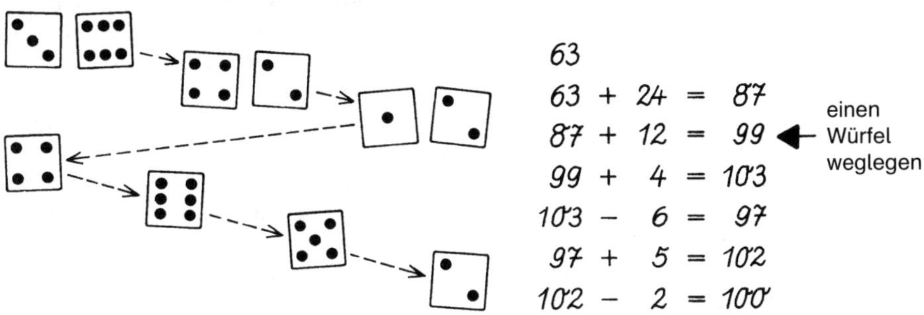

Bei diesem Spiel wird der Übergang über den Hunderter intensiv geübt.

○ *Höchstens 1000* (3./4. Schuljahr)
Jeder Mitspieler würfelt dreimal mit jeweils drei Würfeln. Nach jedem Wurf notiert er eine dreistellige Zahl, wobei er selbst entscheidet, welche Augenzahl er als Hunderter, Zehner oder Einer nimmt. Die Summe der drei Zahlen soll jedoch kleiner als 1000 sein. Während er addiert, würfelt sein Partner. Wer von beiden als Summe die größte dreistellige Zahl erreicht, hat ge-

wonnen und unterstreicht sie. Dann beginnt die zweite Runde. Beim jederzeit möglichen Spielende hat der gewonnen, der die meisten Zahlen unterstreichen konnte (= Anzahl der Punkte). Hat ein Spieler genau 1000 erreicht, erhält er fünf Zusatzpunkte.
Bei diesem Spiel üben sich die Kinder im Schätzen der Summe von dreistelligen Zahlen und im Ergänzen auf 1000.

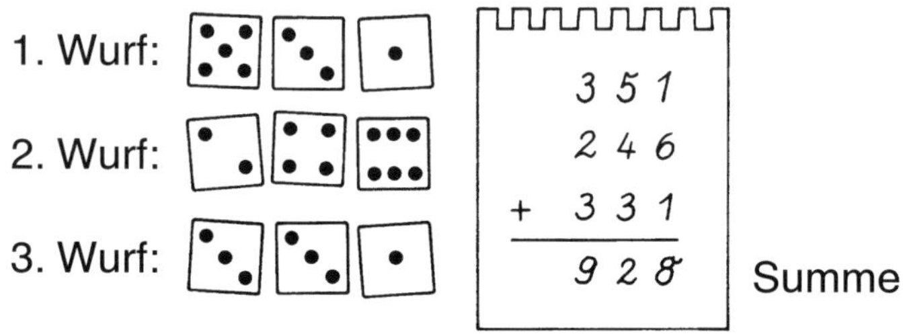

Frank ist der Zwillingsbruder von Thomas, und er rechnet sehr gerne. Mathematik macht ihm Spaß.
Einmal sollten sie in ihrem Mathematikbuch auf Seite zwanzig zu Hause Aufgaben rechnen.
„Nummer eins auf Seite zwanzig", hatte die Lehrerin zu ihnen gesagt. Nur Nummer eins sollten sie rechnen. Frank hat die Aufgaben gerne gemacht. Er musste auch gar nicht viel hinschreiben. Die Aufgaben waren im Buch vorgedruckt, und er brauchte nur die Ergebnisse in die leeren Kästchen einzutragen. Als er damit fertig war, hat er gedacht: „Schade, ich hätte gerne noch weitergerechnet."
Dann hat er gedacht: „Warum soll ich nicht? Ich rechne noch Nummer zwei. Da wird die Lehrerin staunen."
Frank hat noch Nummer zwei gerechnet, danach Nummer drei und Nummer vier. Er hat an dem Tag einhundert Aufgaben gerechnet. Seine Mutter hat ihn gefragt: „So viel habt ihr auf?" Da hat Frank ihr erzählt, dass sie nur Nummer eins rechnen sollten, dass er aber freiwillig mehr gemacht hätte. Frank hat gesagt:
„Es ging alles ganz leicht, und ich bin gespannt, was die Lehrerin sagt, wenn sie sieht, was ich alles getan habe. Sie wird sich ganz bestimmt freuen."
Frank konnte die Mathematikstunde am nächsten Tag gar nicht abwarten. Endlich ist die Lehrerin in die Klasse gekommen. Sie hat gesagt: „Nehmt eure Bücher, wir wollen die Aufgaben vorlesen."
Die Kinder haben abwechselnd gelesen, immer der Reihe nach. Heinz-Jürgen war bei der letzten Aufgabe dran.
Die Lehrerin hat gesagt: „So, das hätten wir. Jetzt seht mal her zur Tafel."
Da hat Frank sich gemeldet.
„Was möchtest du, Frank?", hat die Lehrerin ihn gefragt.
„Ich habe viel mehr Aufgaben zu Hause gerechnet, hat Frank gesagt. „Außer Nummer eins noch Nummer zwei, drei und vier."
Die Lehrerin hat nicht gestaunt, als sie das gehört hat. Im Gegenteil. Eher ärgerlich ist sie gewesen. Sie hat geantwortet: „Ihr solltet nur Nummer eins rechnen, Frank. Das hatte ich ausdrücklich betont. Und wenn ich das sage, so hat das auch seinen Grund."

Dann hat die Lehrerin sich wieder zur Tafel gewandt und etwas erklärt. Frank hat gar nicht verstanden, was sie erklärt hat. Er ist ganz durcheinander gewesen und wütend und traurig.
Vor allem traurig ist er gewesen. Am liebsten hätte Frank jetzt geweint. Er hatte gedacht, die Lehrerin würde sich freuen. Nun wollte sie seine Aufgaben nicht einmal sehen. Sie hatte richtig ein bisschen mit ihm geschimpft.
Als die Schule dann aus war, ist er noch immer sehr traurig gewesen. Er ist ganz langsam nach Hause gegangen. Und gerade auf diesen Schultag hatte Frank sich gefreut.

(Elisabeth Stiemert)

(aus: *Stiemert, Elisabeth:* Große Klasse! Siebenundzwanzig Schulgeschichten für Kinder und Eltern. Stalling, Oldenburg und Hamburg 1980², S. 4 ff.)

Kartenspiele

Je nach Art der verwendeten Karten lassen sich die Spiele aufgliedern:

○ ***Spiele mit Spielkarten* (Rommékarten)**
Rommékarten erinnern die Kinder an außerschulische Gesellschaftsspiele und motivieren sie deshalb in hohem Maße. Die zufallsbedingte Kartenverteilung verleiht den Karten- ebenso wie den Würfelspielen den Charakter eines Glücksspiels. Indem man seine Karten jedoch im geeigneten Moment ausspielen kann, werden planvolles Spielen und Kombinieren gefordert. Neue Kartenverteilungen führen zu neuen Spielsituationen, sodass ein und dasselbe Spiel gerne wiederholt wird. Für die Spiele werden Karten mit den Zahlenwerten von zwei bis zehn verwendet sowie das As für die Zahl 1. Die Bildkarten und Joker werden vor dem Spiel aussortiert. Es lassen sich also auch unvollständige Kartenspiele einsetzen und die Kinder können ausrangierte Spiele mitbringen.

○ ***Spiele mit Rechenkarten***
Unter Rechenkarten werden hier großformatige Karten (ca. 20 x 8 cm) aus festem Karton verstanden, die auf der Vorderseite mit einer Rechnung (z. B. 3 + 4) beschriftet sind und auf der Rückseite meist das Ergebnis (z. B. 7) tragen. Solche vom Lehrer selbst erstellten Karten lassen sich genau auf den jeweiligen Inhalt abstimmen. Sie ermöglichen nicht nur eine Vielzahl von Spielen, sondern können auch beim Kopfrechnen als Gedächtnisstütze dienen oder den gesamten Unterricht abwechslungsreicher gestalten, indem sie beim Einordnen, Zuordnen oder Anlegen vermehrte Handlungsmöglichkeiten bieten.

○ ***Spiele mit kleinen Kärtchen***
Vervielfältigte Blätter mit kleinen Kärtchen lassen sich ebenso genau auf den jeweiligen Inhalt abstimmen. Die Kärtchen sind auf vielfältige Weise anzulegen, wobei das richtige Anlegen durch Entstehen einer Figur überprüft werden kann (Selbstkontrolle!). Bei Anlegespielen ist ein Aufkleben auf Karton nicht erforderlich. Dies ist nur nötig, wenn die Karten in der Hand zu halten sind. Am besten bewahrt jedes Kind seine Kärtchen griffbereit in einem Briefumschlag auf, sodass es sowohl in der Schule als auch zu Hause spielen kann.

○ ***Spiele mit Zahlkärtchen***
Zur Einführung in einen neuen Zahlenraum eignen sich am besten Kärtchen aus Flanelltafelpapier (ca. 6 x 6 cm), die auch auf der Kleidung haften. Die Kinder können leere Kärtchen nach Angabe des Lehrers selbst beschriften.

Spielanregungen:

28 Spiele mit Zahlkärtchen (1–4)
29 Memory (1–3), mit KV 6
30 Uhrenlied und Uhrenspiel (1–3), mit KV 7/8
31 Anlegespiele (1–4)
  Domino, mit KV 9
  Dreieckdomino Stern, mit KV 10/11
  Dreieckdomino Schiff, mit KV 12
  Quadratdomino, mit KV 13
  Tangram, mit KV 14
  Briefkuvertspiele
32 Vier in einer Reihe (2/3), mit KV 3
33 Zahlen aufdecken (2–4)
34 Mein rechter Platz ist leer (1/2)
35 Kofferpacken I (1–4)
36 Kofferpacken II (2/3)
37 Zahlenrätsel (2–4)
38 Vier-Ecken-Rechnen (1–4)
39 Umzingeln (2/3)
40 Das Acht-Karten-Spiel (2/3)
41 Stechen (1–3), mit KV 15

28 *Spiele mit Zahlkärtchen* (1–4) K/G

Ziel: Zuordnen von Zahl und Zahlwort
Material: für jedes Kind ein Zahlkärtchen (Kärtchen aus Flanelltafelpapier bleiben an der Kleidung haften)
Zeit: ca. 10 Min.

○ *Spiel 1: Schlapp hat seinen Hut verloren*
Die Kinder sitzen im Kreis und erhalten je ein Zahlkärtchen, entweder fortlaufend nummeriert, beginnend mit 1 (Zahlenraum 1–20 bzw. 30) oder auch durcheinander (Zahlenraum bis 100: 82, 28, 34, 43 …; Zahlenraum bis 1000: 347, 734, 437, 304 …; Zahlenraum über 1000: 3004, 3040, 3400, 4003 …). Jeder merkt sich seine Zahl und heftet sie an die Kleidung. Der Lehrer (ohne Zahlkärtchen) beginnt und sagt: „Schlapp hat seinen Hut verloren, 15 (oder eine andere der verteilten Zahlen) hat ihn.“ Daraufhin muss Nr. 15 sofort antworten: „15 hat ihn nicht, 6 hat ihn.“ Sofort macht 6 weiter: „6 hat ihn nicht, … hat ihn.“ Dabei müssen alle fix und aufmerksam sein. Wer nicht gleich antwortet, eine falsche (nicht vorhandene) Zahl nennt oder sich verspricht, muss ein Pfand abgeben. Vorschläge für das Pfänderauslösen finden sich auf S. 98

○ *Spiel 2: Plätze tauschen*
Die Kinder sitzen im Kreis. Eines steht mit verbundenen Augen in der Mitte. Nun verteilt der Lehrer Zahlkärtchen (5, 9, 6), wobei jede Zahl zweimal ausgegeben wird. Statt dessen kann er auch Aufgabenkarten ohne Lösungen verteilen. Hierbei müssen je zwei Aufgaben das gleiche Ergebnis haben (z. B. 58 + 6, 71 – 7). Jetzt nennt der Lehrer eine beliebige Zahl aus den Kärtchen oder ein Rechenergebnis (z. B. 64). Die zwei Kinder mit der betreffenden Zahl oder der genannten Lösung versuchen nun, so leise wie möglich den Platz zu tauschen, während der „Blinde" sich bemüht, einen von ihnen zu fangen. Beim Wechseln darf man nicht auf seinen Platz zurücklaufen, sondern muss den neuen Platz einnehmen. Sobald die Spieler sitzen, gilt das Antippen des „Blinden" nicht mehr. Dann nennt der Lehrer eine andere Zahl. Gelingt es dem „Blinden", ein Kind zu fangen, tauschen die beiden ihre Rollen.

○ *Spiel 3: Wo ist ...?*
Die Kinder haben sich Zahlkärtchen angeheftet (oder Aufgabenkarten umgehängt) und verteilen sich im Raum. Der Lehrer oder ein Kind beginnt z. B. mit der Frage: „Wo ist die 352?" Daraufhin schauen sich alle um und suchen das entsprechende Kind. Wer ihm zuerst die Hand auf die Schulter legt, darf die nächste Frage stellen. Der Frager soll jeweils nicht zu dem gesuchten Kind gehen.

29 *Memory* (1–4) P/G

Ziel: Üben der vier Grundrechnungsarten (je nach Aufgabenstellung der Karten)
Material: für jede Gruppe (zwei bis vier Kinder) ein Satz Memorykarten (vgl. KV 6)
Zeit. ca. 10–15 Min.

Spielverlauf: Die Mitspieler legen einen Kartensatz verdeckt in Reihen aus. Reihum deckt jeder zwei Karten auf. Passen sie zusammen, darf er das Paar nehmen und erneut zwei Karten aufdecken. Andernfalls werden die Karten wieder verdeckt an ihren Platz gelegt, und der Nächste ist an der Reihe. Gewonnen hat, wer zum Schluss die meisten Karten hat.
Variante: Der Spieler, der an der Reihe ist, deckt nur eine Karte auf. Alle Mitspieler raten nun oder versuchen sich zu erinnern, wo die dazu passende Karte liegt. Können sie sich nicht einigen, entscheidet der Spieler und deckt eine zweite Karte auf. Passt sie, darf er weiterspielen; andernfalls ist das nächste Kind an der Reihe.
Mit den Memorykarten kann man auch Schnipp-Schnapp spielen (vgl. Spiel 30). Dabei teilen sich je zwei Kinder einen Memory-Kartensatz.

Memory	KV 6

Spielregel: Wer von den umgedrehten Karten ein Paar aufdeckt, darf es behalten.
Wer hat am Schluss die meisten Karten?

Malaufgabe $9 \cdot 4$ und $36 : 4$ Umkehraufgabe sind immer ein Paar.

Schneide die Kärtchen aus!

$3 \cdot 8$	$6 \cdot 8$	$9 \cdot 4$	$7 \cdot 4$	$7 \cdot 8$	$8 \cdot 4$
$2 \cdot 8$	$6 \cdot 4$	$4 \cdot 8$	$5 \cdot 4$	$9 \cdot 8$	$4 \cdot 4$
$5 \cdot 8$	$3 \cdot 4$	$3 \cdot 5$	$8 \cdot 8$	$5 \cdot 5$	$8 \cdot 5$
$9 \cdot 2$	$6 \cdot 5$	$9 \cdot 5$	$7 \cdot 5$	$7 \cdot 2$	$8 \cdot 2$
$35 : 5$	$40 : 5$	$45 : 5$	$18 : 2$	$16 : 2$	$14 : 2$
$16 : 4$	$12 : 4$	$15 : 5$	$25 : 5$	$30 : 5$	$20 : 4$
$72 : 8$	$36 : 4$	$32 : 4$	$28 : 4$	$16 : 8$	$24 : 4$
$48 : 8$	$32 : 8$	$40 : 8$	$56 : 8$	$64 : 8$	$24 : 8$

30 *Uhrenlied und Uhrenspiel* (1–3) P/G

Spiellied: Das wilde Tier (1/2)

Text und Melodie aus dem Rheinland

um zwei kommt's nicht,
um drei kommt's nicht,
um vier kommt's nicht,
um fünf kommt's nicht,
um sechs kommt's nicht,
um sieben kommt's nicht,
um acht kommt's nicht,
um neun kommt's nicht,
um zehn kommt's nicht.

(aus: *Richard Rudolf Klein:* Willkommen, lieber Tag. Verlag Moritz Diesterweg, Frankfurt/M)

Spielverlauf: Die Klasse geht an den Händen gefasst bis „warten" im Kreis herum. Ein Kind versteckt sich als „wildes" Tier im Raum, geht vor die Tür oder verharrt in Furcht erregender Pose still in der Mitte des Kreises. Beim Stehen im Kreis (ab „Um eins kommt's nicht. . .") werden die Zahlen durch Klatschen, Stampfen oder mit den Fingern angezeigt. Bei „elf" klopft das Tier auf einen Tisch, an die Tür oder stampft auf den Boden. Bei „zwölf" löst sich der Kreis auf, und jeder versucht, einen Sitzplatz zu erreichen, während das „wilde Tier" ein Kind zu fangen versucht. Wer gefangen ist, wird beim nächsten Durchgang ebenfalls zum „wilden Tier". Man kann so lange spielen, bis die Hälfte der Klasse gefangen ist oder gar alle Kinder.

Ziel: Uhrzeiten angeben
Material: KV 7/8
Zeit: je nach Spielform unterschiedlich

○ *Lotto*
Hierbei dient KV 8 als Legetafel, deren Kärtchen nicht ausgeschnitten werden. Ausgeschnitten werden nur die Kärtchen von KV 7. Beim *Einzelspiel* legt nun jeder für sich die Kärtchen mit den Uhrzeiten passend auf die Legetafel mit den Uhren. Günstiger ist das *Partnerspiel,* bei dem beide abwech-

selnd eine Karte auflegen, während der Partner kontrolliert. Für das Partner- und das Einzelspiel benötigt man stets nur eine Legetafel und einen Kartensatz. Am meisten Spaß macht Lotto als *Gruppenspiel.* Drei bis vier Kinder haben je eine Legetafel und liefern alle ihre Kärtchen beim Spielleiter ab. Dieser breitet sie mit der beschrifteten Seite nach unten auf einem großen Kartondeckel oder einem Tablett aus, mischt sie und zieht wahllos eine Karte. Er fragt z. B.: „Wer braucht ‚11 Uhr 20"'? Der Spieler, der zuerst „Ich!" ruft, bekommt die Karte. Die Gruppe, die als erste ihre Legetafel belegt hat, ist Sieger. Da vor allem anfangs die „Ich-Rufe" recht durcheinandergehen, ist es zweckmäßig, die ersten Karten der Reihe nach zu verteilen.

○ *Memory*
Vgl. dazu Spiel 29! Hierzu werden sowohl die Kärtchen von KV 7 als auch die von KV 8 ausgeschnitten.

○ *Schnipp-Schnapp*
Am besten spielen immer vier Kinder zusammen, wobei sich jeweils zwei die Kärtchen von KV 7 teilen und vor sich als Stoß (mit der Schrift nach unten) legen und die anderen beiden die Kärtchen von KV 8. Auf das Kommando „Schnipp", das die vier Mitspieler reihum geben, nehmen alle vier die oberste Karte vom Stoß und legen sie offen hin. Wer zuerst sieht, dass zwei Karten zusammenpassen, ruft „Schnapp", nimmt die beiden Karten an sich und schiebt sie verdeckt unter seinen Stoß. (Man kann auch einen zweiten Ablagestoß vereinbaren, der das Spiel verkürzt.) Dann werden wiederum auf Kommando gleichzeitig die obersten Karten umgedreht. Wer zuerst keine Karten mehr hat, hat verloren. Schnipp-Schnapp macht vor allem leistungsstärkeren Kindern Spaß.

31 *Anlegspiele* (1–4) E/P/G

Ziel: Üben der vier Grundrechnungsarten (je nach Aufgabenstellung der Karten)
Material: KV 9, 10, 11, 12, 13
Zeit: je nach Spielform unterschiedlich

Die folgenden Anregungen wollen einen Überblick über die vielfältigen Möglichkeiten der Kartengestaltung geben. Der Lehrer kann sich mit Hilfe der Kopiervorlagen mühelos auch neue Vorlagen für Kopien herstellen, indem er die Karten mit anderen Aufgaben beschriftet.
Wenn die Kinder ein Spiel mehrmals gespielt haben und es seinen Reiz verliert, können sie als Hausaufgabe die Kärtchen richtig auf ein Blatt kleben.

Das Uhrenspiel (Kärtchen)	KV 7

Das sind die Kärtchen für das Uhren-Lotto. Schneide sie aus!
Lies auf jedem die Uhrzeit und suche auf der Legetafel das dazu passende Zifferblatt!

12.40	17.45	21.05	15.35
14.45	20.10	13.25	18.00
11.20	8.55	16.40	22.15
14.30	0.30	20.45	18.50
15.15	21.15	19.10	1.00
23.55	10.15	7.45	24.00

Das Uhrenspiel (Legetafel) | KV 8

Das ist die Legetafel. Lege auf jedes Zifferblatt das Kärtchen mit der richtigen Zeitangabe!

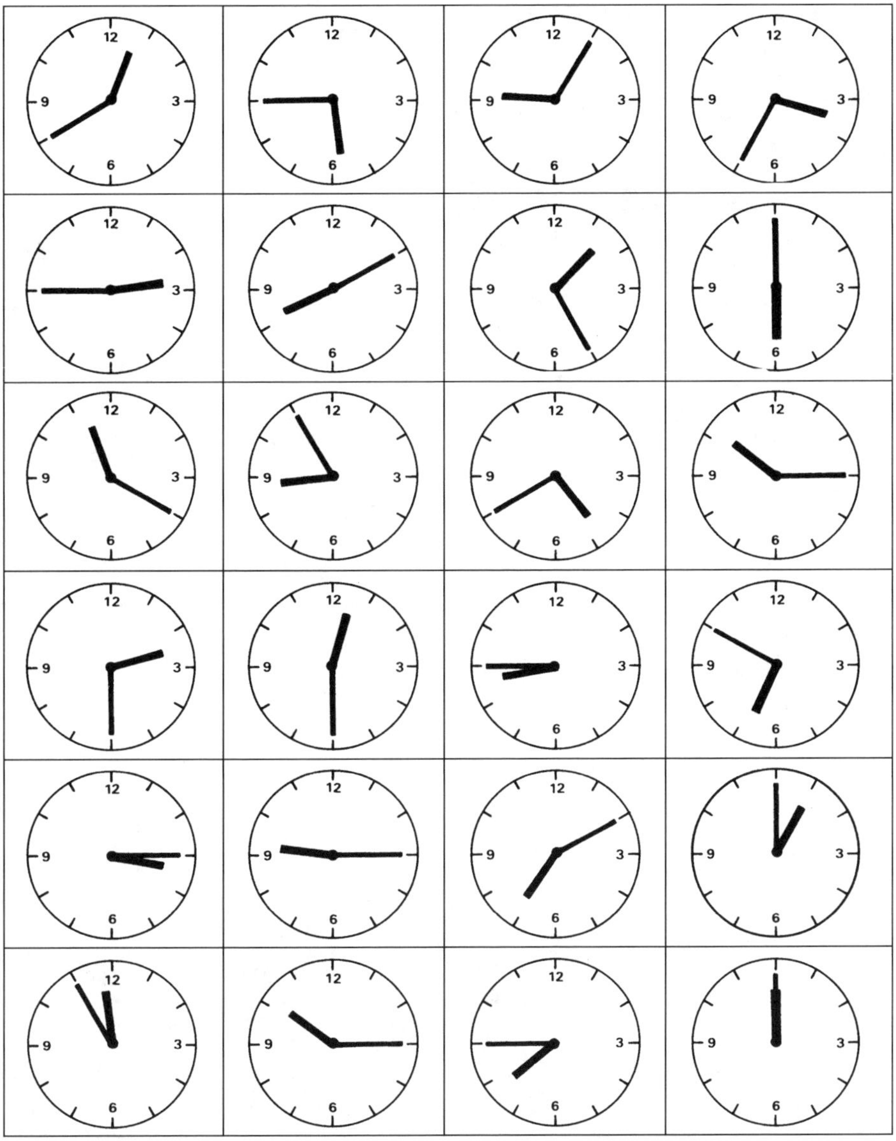

Domino	KV 9

Schneide die 32 Rechtecke aus und mische sie!
Lege an jede Seite eines Rechtecks eine Aufgabe mit gleichem Ergebnis!
Du kannst auch mit einem Partner oder in der Vierergruppe spielen!

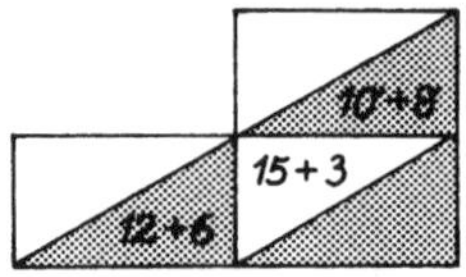

...
10 + 8 = 18
15 + 3 = 18
12 + 6 = 18
...

START 8 + 8	9 + 7 10 + 5	12 + 3 12 + 2	20 − 6 6 + 6
20 − 4 8 + 7	9 + 6 9 + 5	10 + 4 9 + 3	8 + 4 5 + 5
20 − 5 7 + 7	18 − 4 5 + 7	10 + 2 7 + 3	8 + 2 20 − 2
8 + 6 15 − 3	19 − 7 6 + 4	20 − 10 10 + 8	9 + 9 20 − 7
20 − 8 19 − 9	14 − 4 12 + 6	15 + 3 10 + 3	6 + 7 10 + 1
9 + 1 14 + 4	11 + 7 5 + 8	18 − 5 7 + 4	20 − 9 20 − 3
16 + 2 16 − 3	15 − 2 15 − 4	8 + 3 14 + 3	10 + 7 20 − 1
19 − 6 9 + 2	5 + 6 8 + 9	15 + 2 15 + 4	10 + 9 **ENDE**

○ *Domino* (KV 9)
Ein Satz Dominokarten wird ausgeschnitten und gleichmäßig an zwei bis vier Mitspieler verteilt. Die übrig gebliebene Karte wird als erste ausgelegt, oder der erste Spieler legt eine Karte aus. Wer das passende Ergebnis anlegen kann, fährt fort. Sieger ist, wer zuerst alle seine Karten loswerden konnte.
Da auf den Schülertischen die langen Dominoschlangen keinen Platz haben, entsteht bei diesem Spiel ein Rechteck. Dazu müssen nicht nur die rechten und die linken Seiten zusammenpassen, sondern es muss auch die untere an die obere Karte anschließen.

○ *Dreieckdomino Stern* (KV 10, 11)
KV 10: Entweder legt jedes Kind für sich zwei Malaufgaben mit dem gleichen Ergebnis aneinander oder es spielen zwei Kinder zusammen. Dabei werden die ausgeschnittenen Dreiecke gleichmäßig verteilt. Ein Kind legt eine Karte aus, an die im Wechsel angelegt wird. Eine erste Kontrolle für richtiges Anlegen ergibt sich durch die Sternfigur. KV 11: Gleicher Spielverlauf mit Geteiltaufgaben.

○ *Dreieckdomino Schiff* (KV12)
Das Dominospiel eignet sich auch für Übungen zur Umwandlung von hundert- und tausendteiligen Größen: Längen, Gewichte, Hohlmaße. Diese Aufgaben sind namentlich für das Sachrechnen von Bedeutung. Das vollständig gelegte Schiff bestätigt die richtige Lösung.

○ *Quadratdomino* (KV 13)
Es wird nicht nur an einer Seite, sondern an vier Seiten angelegt. Die Kärtchen werden gleichmäßig an zwei bis vier Mitspieler verteilt. Reihum legt jeder so viele Karten an, wie es ihm möglich ist. Wer zuerst alle seine Karten anlegen konnte, hat gewonnen.

○ *Tangram* (KV 14)
Jede der drei abgebildeten Figuren enthält alle sieben Formen des aus China stammenden Legespiels. Die Kinder können mit den unbeschrifteten Formen eine Fülle von anderen Figuren legen und dabei Erfahrungen mit den Formen und der Symmetrie sammeln. Vor dem Kopieren schreibt der Lehrer an die Seiten der Formen Aufgaben und zugehörige Ergebnisse (vgl. Abb. S. 71). Da die Kopiervorlage absichtlich keine Zahlen und Rechnungen enthält, ist das Spiel mehrfach einsetzbar. Vor dem Ausschneiden malen die Kinder jede Figur mit einem andersfarbigen Buntstift an, da sonst das Spiel zu unübersichtlich wird.

(vgl. Prögel-Band 83: *J. Schnauder* „Lernspiele zur neuen Mathematik“)

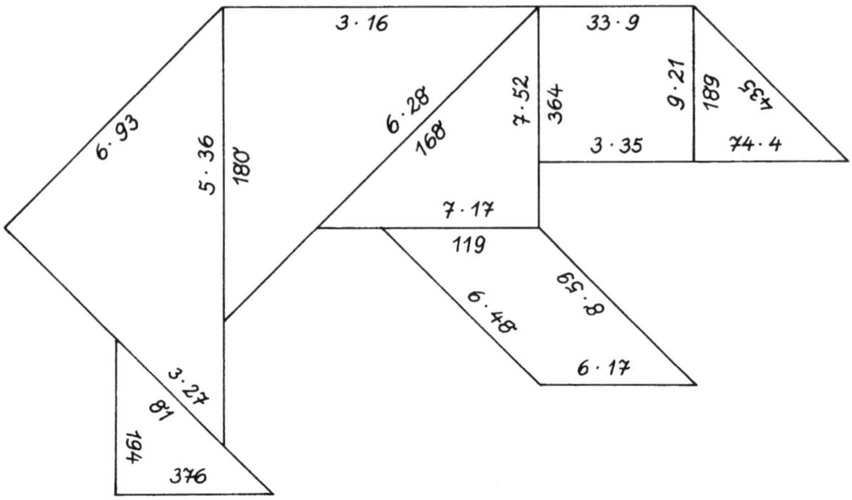

○ *Briefkuvertspiele*

Für folgende Anlegspiele lohnt sich die Anfertigung eines ganzen Klassensatzes kaum. Sie sind vielmehr als Material für innere, flexible Differenzierung und für Freie Arbeit gedacht. Gerade der Umstand, dass sie nicht für alle vorhanden sind, übt auf manche Kinder besonderen Reiz aus. Weiterhin werden Kinder angeregt, selbst ähnliche Spiele mit anderem Zahlenmaterial auszudenken und anzufertigen, die sie der Klasse schenken. Dabei wird dann noch mehr gerechnet als beim Anlegen. Die Briefkuverts mit den Kärtchen werden für die Kinder frei zugänglich in einer Schachtel aufbewahrt. Auf den Kuverts findet sich jeweils eine kurze Anweisung. *Beispiele* (auch S. 72/73):

○ *Rechenring*

Die Kärtchen werden so zu einem Kreis gelegt, dass die erste Zahl einer jeden Rechnung das Ergebnis der vorherigen ist.

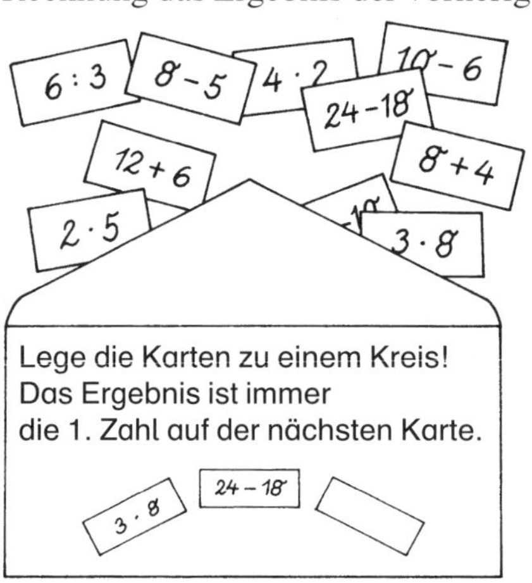

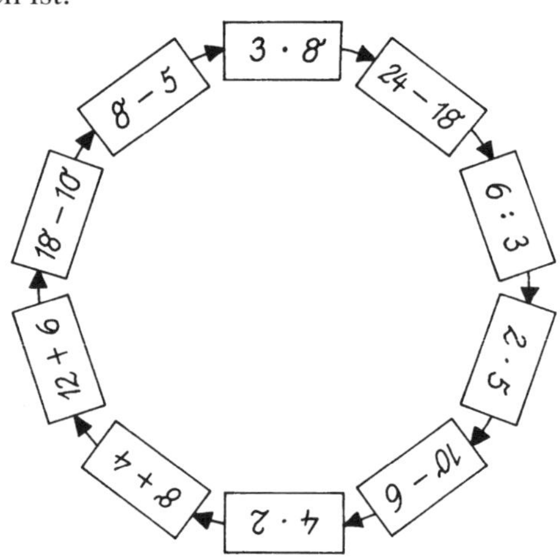

Dreieckdomino Stern	**KV 10**

Schneide die 12 Dreiecke aus und mische sie gut!

Lege die Dreiecke so aneinander, dass immer zwei Malaufgaben mit dem gleichen Ergebnis zusammenstoßen!

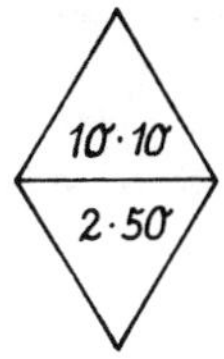

10 · 10 = 100
2 · 50 = 100

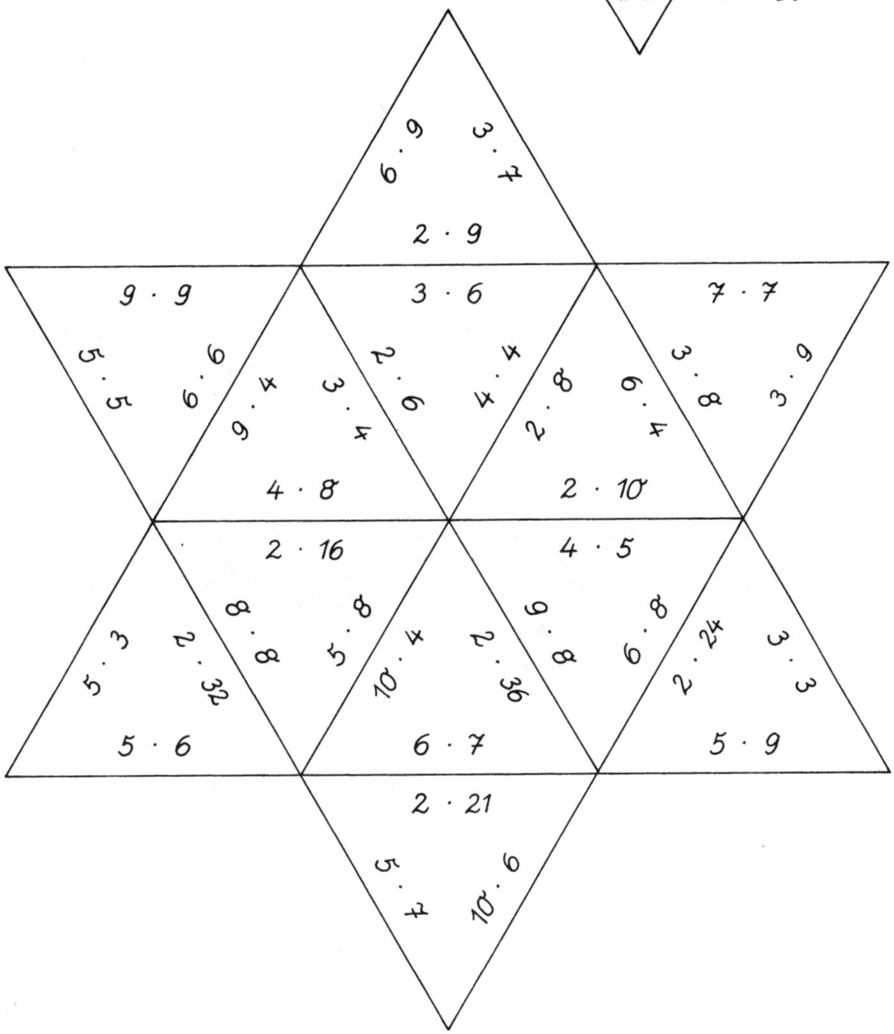

Dreieckdomino Stern

Schneide die 12 Dreiecke aus und mische sie gut!

Lege die Dreiecke so aneinander, dass immer zwei Geteiltaufgaben mit dem gleichen Ergebnis zusammenstoßen!

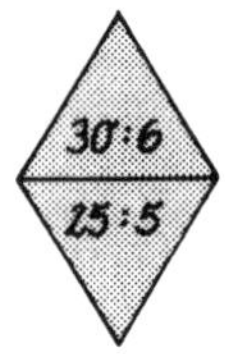

$30 : 6 = 5$

$25 : 5 = 5$

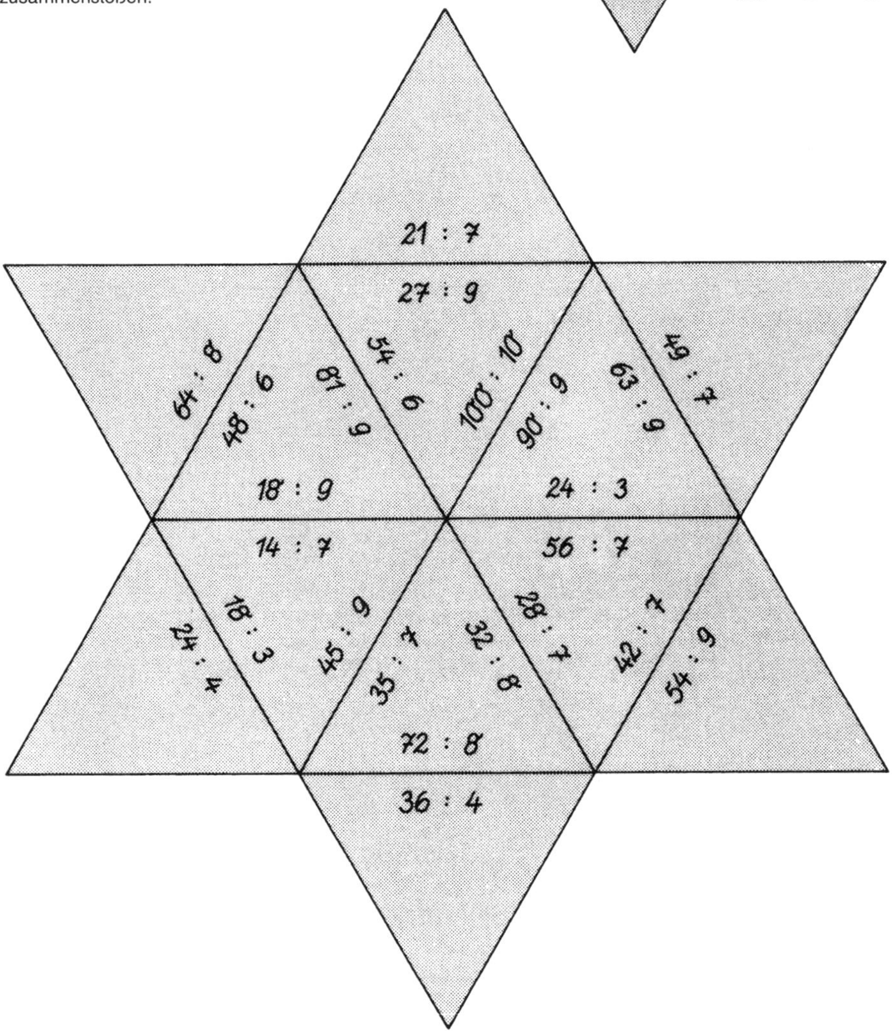

Dreieckdomino Schiff

Schneide die 20 Dreiecke aus und mische sie gut!

Lege die Dreiecke so aneinander, dass auf jeder Seite die Maße übereinstimmen!

100 cm = 1 m

1 m = 100 cm

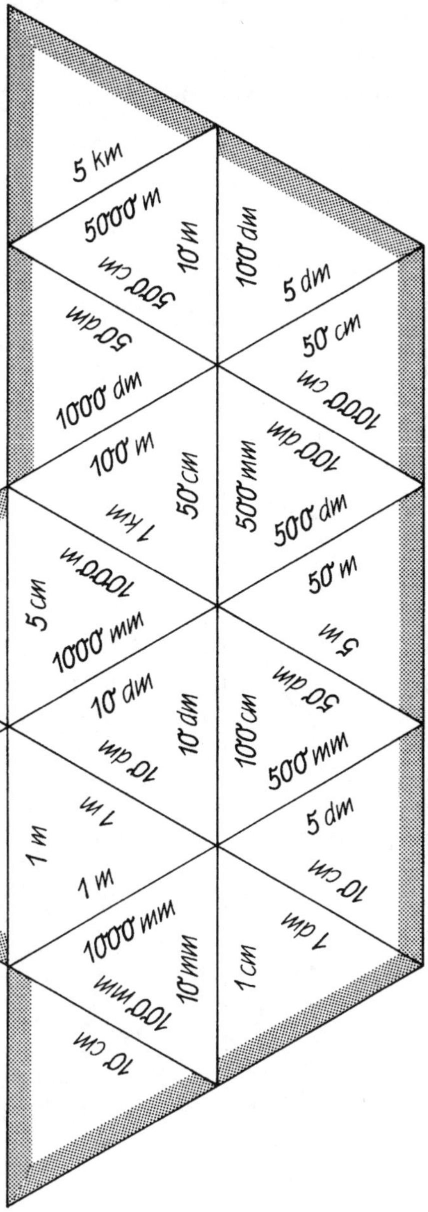
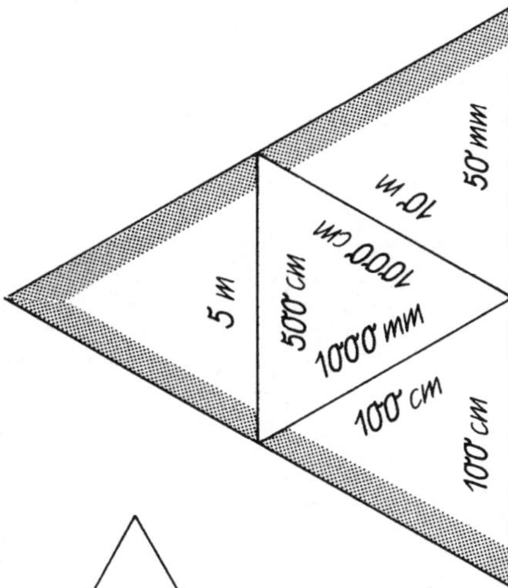

Bekommst du das Schiff wieder zusammen?

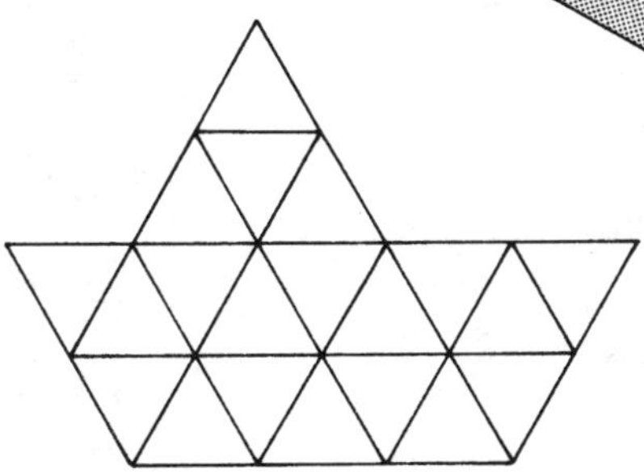

Quadratdomino

KV 13

 $3 \cdot 3$ $3 \cdot 4$	 9 $6 \cdot 4$ $3 \cdot 5$	 24 $3 \cdot 9$ $3 \cdot 6$	 27 $3 \cdot 7$
12 $4 \cdot 4$ $5 \cdot 8$	15 16 $7 \cdot 4$ $6 \cdot 7$	18 28 $4 \cdot 8$ $6 \cdot 8$	21 32 $7 \cdot 5$
40 $5 \cdot 5$ $9 \cdot 5$	42 25 $9 \cdot 6$ $7 \cdot 8$	48 54 $9 \cdot 7$ $9 \cdot 8$	35 63 $5 \cdot 4$
45 $6 \cdot 6$ $2 \cdot 3$	56 36 $2 \cdot 7$ $10 \cdot 5$	72 14 $5 \cdot 6$ $5 \cdot 2$	20 30 $10 \cdot 10$
6 $7 \cdot 7$ $6 \cdot 10$	50 49 $2 \cdot 4$ $2 \cdot 2$	10 8 $9 \cdot 10$ $10 \cdot 8$	100 90 $2 \cdot 50$
60 $8 \cdot 8$	4 64 $9 \cdot 9$	80 81 $7 \cdot 10$	100 70

Schneide die 24 Quadrate aus und mische sie!
Lege sie dann so aneinander, dass immer Malaufgabe und richtiges Ergebins neben- oder untereinander stehen!

$2 \cdot 3$
6

Tangram	KV 14

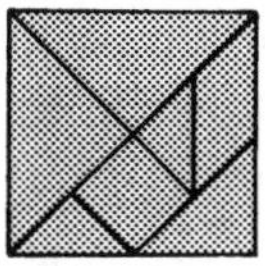

Teile

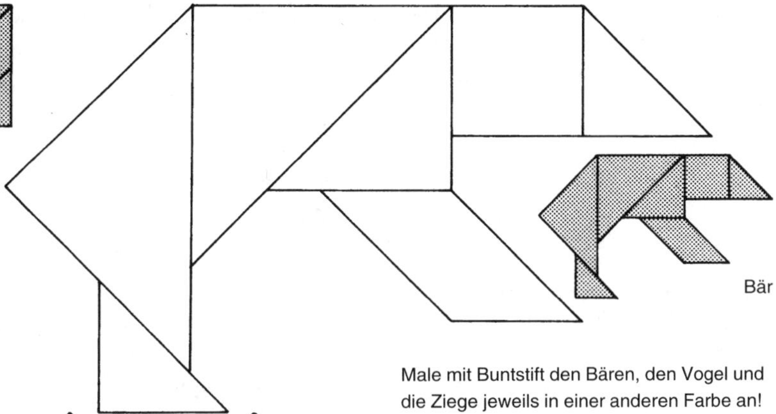

Bär

Male mit Buntstift den Bären, den Vogel und die Ziege jeweils in einer anderen Farbe an! Schneide die Einzelstücke aus!

Suche zu jeder Aufgabe die passenden Teile und lege sie aneinander!

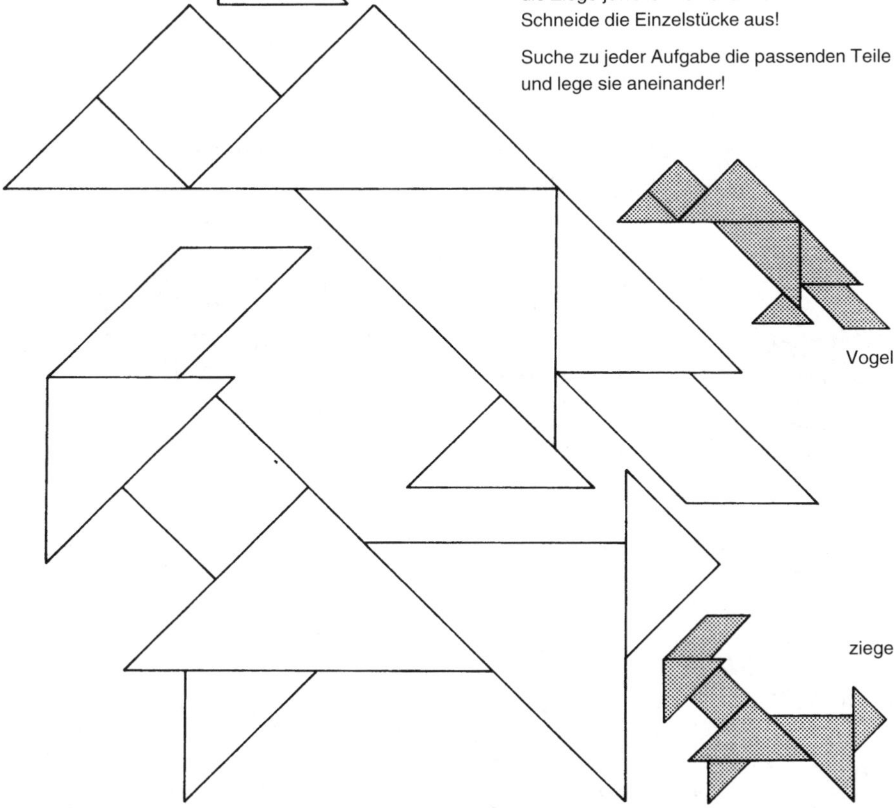

Vogel

ziege

○ *Wer findet die Geheimbotschaft?*
Kärtchen mit Aufgaben werden nach der Größe der Ergebnisse geordnet (links beginnend mit dem kleinsten Ergebnis). Zur Lösungskontrolle trägt jede Aufgabenkarte einen Buchstaben. Bei richtiger Ordnung ergeben die Buchstaben ein Wort oder mehrere Wörter.

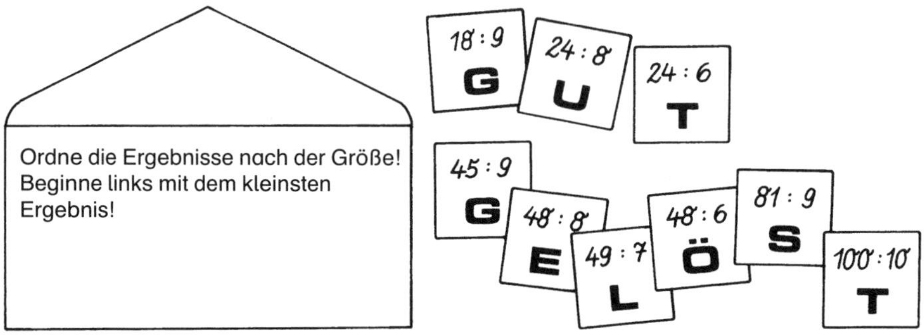

○ *Magisches Quadrat oder Zauberquadrat*
Im Briefkuvert sind Zahlenkärtchen, die so zu legen sind, dass die Summe in jeder Richtung die gleiche Zahl ergibt. *Beispiele:*

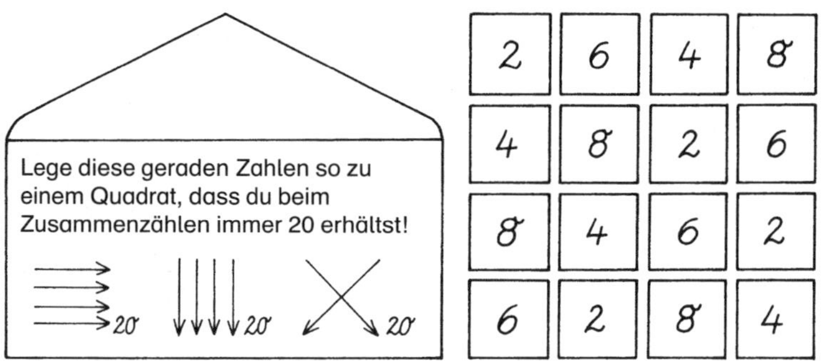

Weitere Zauberquadrate:

4	3	1	2
1	2	4	3
2	1	3	4
3	4	2	1

Summe: 10

2	7	6
9	5	1
4	3	8

Summe: 15

9	2	7
4	6	8
5	10	3

Summe: 18

6	5	10
11	7	3
4	9	8

Summe: 21

13	6	11
8	10	12
9	14	7

Summe: 30

18	19	11	12
12	11	19	18
19	18	12	11
11	12	18	19

Summe: 60

40	14	12	34
18	28	30	24
26	20	22	32
16	38	36	10

Summe: 100

○ *Zahlentreppe*

Im Briefkuvert sind Zahlen, die so zu legen sind, dass die Summe zweier nebeneinander liegender Kästchen jeweils die Zahl darüber ergibt. Am besten wird die Treppe von oben nach unten angelegt und somit mit der größten Zahl begonnen.

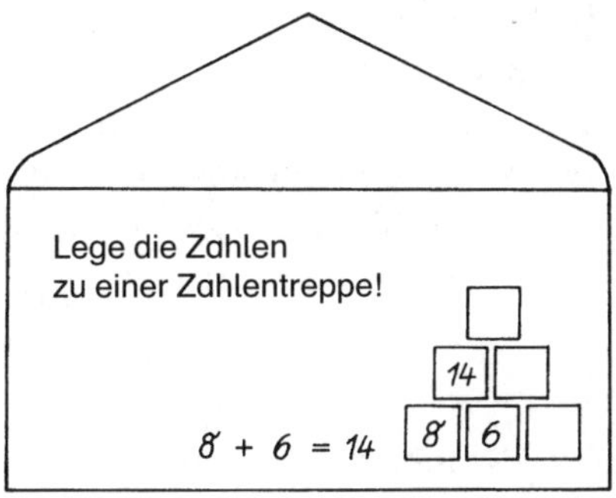

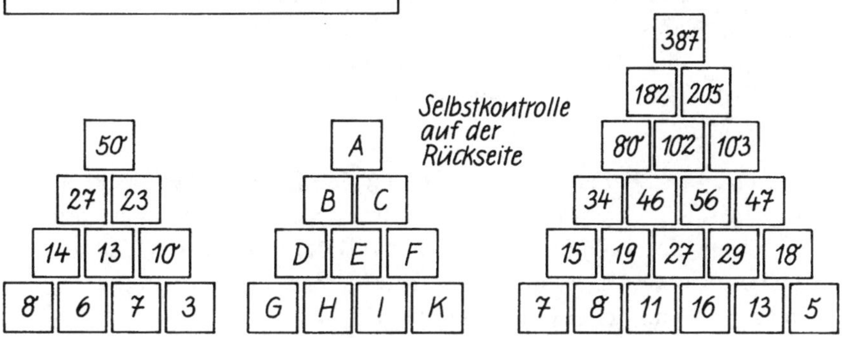

○ *Wer findet den Schwarzen Peter?*

Im Kuvert befinden sich 21 Kästchen mit Rechenausdrücken (Termen), von denen je zwei das gleiche Ergebnis haben – bis auf eines: den Schwarzen Peter. Die Kärtchen mit gleichem Ergebnis werden nebeneinander gelegt, der Schwarze Peter liegt zum Schluss allein:

		Lösungen	Rückseite	
57 + 34	63 + 28	91	A	a
45 + 38	26 + 57	83	B	b
26 + 66	47 + 45	92	C	c
19 + 55	37 + 37	74	D	d
37 + 28	19 + 46	65	E	e
	35 + 65	100	●	

Kommentar: Sicher werden Sie mühelos weitere Briefkuvertspiele finden. Vielleicht werden Sie aber auch fragen: Warum mühevoll Kärtchen anfertigen, wenn sich diese spielerischen Übungsformen auch auf einem Arbeitsblatt anbieten lassen? Das Legen und Schieben von Kärtchen wird von den Kindern als lustvoller und weniger „anstrengend" empfunden. Gerechnet werden muss jedoch gleichermaßen viel. Allerdings beschert das „Aufgehen der Kärtchen" einen sofortigen Erfolg, der motiviert und anspornt. Jeder, der ein Briefkuvertspiel erfolgreich gelöst hat, schreibt seinen Namen vorne oder hinten auf den Umschlag, als sichtbares Zeichen seines Erfolgs.

32 *Vier in einer Reihe* (2/3) P

Ziel: Steigerung der Rechenfertigkeit und des Kombinationsvermögens
Material: für jedes Paar zwei Sätze Zahlenkärtchen mit den Werten 1–10 (oder entsprechende Rommékarten), eine ausgefüllte Hundertertafel (KV 3) und zwei Stifte in unterschiedlichen Farben
Zeit: ca. 30 Min.

Spielverlauf: Die 20 Zahlenkarten werden gemischt und verdeckt als Stoß hingelegt. Ein Kind zieht aus dem Stoß drei beliebige Zahlenkarten und berechnet daraus eine Zahl zwischen 1 und 100 durch Addieren, Subtrahieren, Multiplizieren oder Dividieren. Das so erhaltene Ergebnis kreist das Kind mit seiner Farbe auf der Hundertertafel ein.

Beispiel: Das Kind hat die Zahlen 8, 5 und 9 gezogen und berechnet daraus 8 x 9 + 5 = 77.

Vor dem Einkreisen rechnet das Kind seinem Partner vor. Die gezogenen Karten werden nach dem Einkreisen unter den Stoß geschoben. Dann ist das andere Kind an der Reihe. Wer zuerst vier Felder in einer Reihe – waagrecht, senkrecht oder diagonal – einkreisen konnte, hat gewonnen.

Kommentar: Bei diesem Spiel müssen nicht nur Aufgaben aus zufällig gezogenen Zahlen gebildet werden, sondern die Ergebniszahlen sollen zugleich eine strategisch günstige Position haben. Diese beiden Aspekte zu beachten, ist nicht gerade einfach.

(vgl. *Radatz, H./Schipper, W.*, Handbuch für den Mathematikunterricht an Grundschulen. Hannover 1983, S.85)

33 *Zahlen aufdecken* (2–4) G

Ziel: Aus aufgedeckten Zahlen durch Addieren (schwieriger: durch Verwenden aller vier Grundrechnungsarten) eine vorgegebene Zahl erreichen
Material: jede Gruppe (2–4 Kinder) fertigt die benötigten Kärtchen selbst an.
Im folgenden wird als Zielzahl 20 vorgegeben (analog lässt sich mit 200, 2000 oder anderen Zielzahlen spielen). Dazu benötigt jede Gruppe 21 Kärtchen mit den Zahlen 0–20. Bei drei Mitspielern muss jedes Kind 7 Kärtchen anfertigen (Vorschlag: Auf Karopapier Quadrate mit 4 x 4 Kästchen zeichnen, beschriften und ausschneiden).
Zeit: ca. 30 Min.

Spielverlauf: Die Kärtchen werden verdeckt gleichmäßig verteilt, überzählige Kärtchen offen in die Mitte gelegt. Jeder hat seine Kärtchen verdeckt vor sich. Reihum legt jeder ein Kärtchen offen in die Mitte. Dabei rechnen alle Mitspieler, ob sich aus den aufgedeckten Kärtchen die Zahl 20 bilden läßt. Wer eine Möglichkeit gefunden hat, rechnet vor.
Beispiel: Folgende Kärtchen liegen offen in der Mitte:

13	14	9	10	1

Wer zuerst „9 + 10 + 1 = 20“ sagt, darf diese drei Kärtchen nehmen und sie vor sich verdeckt zu seinen übrigen legen. Die Kärtchen mit den Zahlen 13 und 14 bleiben liegen. Wer falsch rechnet, erhält keine Kärtchen. In diesem Fall wird weiter reihum aufgedeckt und aufgepasst. Wenn ein Kind keine Kärtchen mehr hat, ist die erste Runde zu Ende. Gewonnen hat sie, wer die meisten Kärtchen an sich bringen konnte.

Kommentar: Über Rechenfertigkeit hinaus, fördert das Spiel das Kombinationsvermögen und das Ausbilden von flexiblen Denkbeziehungen, sowohl bei der ausschließlichen Verwendung der Addition und in erhöhtem Maß, wenn alle Grundrechnungsarten einbezogen werden. In jeder Gruppe sollte ein guter Rechner (evtl. als Spielleiter) sein, der bei Strittigkeiten vorrechnen kann. Das in kurzer Zeit selbst erstellte Spielmaterial und die einfache, aber offene Aufgabenstellung bewirken erfahrungsgemäß eine stete, konzentrierte Wachsamkeit aller Mitspieler.

Lehrer: „Fritzchen, nenne mir fünf Tiere, die in Afrika leben!“
Fritzehen: „Drei Elefanten und zwei Löwen.“

34 *Mein rechter, rechter Platz ist leer* (1/2) K/G

Ziel: Kopfrechnen in den vier Grundrechnungsarten
Material: für jedes Kind eine großformatige Karte (ca. 20 x 8 cm), die auf der Vorderseite mit einer Aufgabe und auf der Rückseite mit der Lösung beschriftet ist.
Zeit: 10–15 Min.

Spielverlauf: Vgl. dazu Spiel 8, S. 24! Jeder hält seine Karte für die andern gut sichtbar hoch. Wer links von einem freien Stuhl sitzt, wünscht sich ein Kind aus dem Kreis her, indem es dessen Aufgabe mit Lösung nennt. Wird eine falsche Lösung angegeben, schüttelt das hergewünschte Kind den Kopf. Der Sprecher kann nun weiterprobieren oder ein anderes Kind auswählen.

Kommentar: Wegen des bekannten, einfachen Spielverlaufs kann auch eine Gruppe ab sechs Kindern selbstständig spielen. Da kein Wettkampf stattfindet, verläuft das Spiel recht ruhig und eignet sich somit auch für unsichere, schwache Kinder.
Bei mehr als zehn Mitspielern gibt jeder, der hergewünscht wurde, seine Rechenkarte ab oder legt sie auf den Schoß. Diese Kinder können dann zwar nicht mehr hergewünscht werden, aber selbst jemanden herwünschen, wenn neben ihnen ein Platz frei wird. Durch diese Maßnahme wird das Spiel zugleich zeitlich begrenzt.

35 Kofferpacken I (1–4) G/K

Ziel: Sichern von Grundaufgaben (bis 20) und der Einmaleinsreihen
Material: großformatige Karten (ca. 20 x 8 cm), die auf der Vorderseite mit den Aufgaben (z. B. 6 · 7) und auf der Rückseite mit dem Ergebnis (42) beschriftet sind.
Zeit: 10–15 Min.

Spielverlauf: Jedes Kind bekommt eine Karte. Jeweils die Hälfte der Kinder setzt sich zum Kreis zusammen. Jedes hält seine Karte so, dass die anderen die Aufgabe gut sehen können, das Ergebnis aber nur das betreffende Kind sieht. Wie bei dem bekannten Gesellschaftsspiel wiederholt jeder Spieler die Außerungen der vorherigen Teilnehmer. Auf ein Kommando des Lehrers beginnt in jedem Kreis das erste Kind und nennt seine Aufgabe mit Lösung, z.B. 6 · 7 = 42. Das zweite Kind wiederholt diese Aufgabe und fügt seine dazu, z. B. 6 · 7 = 42, 9 · 8 = 72. Gewonnen hat die Gruppe, in der das letzte Kind zuerst alle vorhergehenden Aufgaben und seine Aufgabe aufgesagt hat.
Kommentar: Durch das fortgesetzte Wiederholen der Aufgaben wird ein hoher Übungseffekt erreicht. Die fortgesetzte Aufmerksamkeit der Kinder, die schon an der Reihe waren, ist dadurch gewährleistet, dass jedes aufpassen wird, ob die anderen Mitspieler seine Aufgabe richtig wiederholen. Bei einem Fehler oder bei Nicht-Wissen dreht das entsprechende Kind seine Karte um und zeigt die richtige Lösung.
Ein kleiner Tip: Ich halte zum anstehenden Übungsstoff immer ausreichend Rechenkarten bereit. Kinder, die mit einer Einzelarbeit fertig sind, holen sich die Karten, gehen in eine Ecke und spielen selbständig in Flüstersprache Kofferpacken. Hinzukommende Kinder können sich auch während des Spielverlaufs als jeweils letzte in den Kreis einfügen.

36 *Kofferpacken II* (2/3) K/G

Ziel: Erkennen von Zahleigenschaften
Material: Zahlkärtchen 1–100 aus Flanelltafelpapier, ein etwa 2 m langer Wollfaden (als Umriss für den Koffer)
Zeit: ca. 20 Min.

Spielverlauf: Die Zahlkärtchen werden gleichmäßig an die Kinder verteilt und evtl. übrige Kärtchen weggelegt.
Vorbereitete Tafelanschrift (zur Auswahl):

Welche Zahlen werden in den Koffer gepackt?

Gerade oder ungerade Zahlen? Die Zahlen sind kleiner als 50

Vielfache von 3, 4, 5, 6, 7, 8, 9 oder 10?
Zahlen mit der Ziffernsumme (Quersumme) 10
Die Einerziffer ist größer als die Zehnerziffer
Der Unterschied zwischen allen Zahlen ist 10
Teiler von 48
Beide Ziffern der Zahl sind gerade
Zahlen mit der Einerziffer

In Abstimmung auf den Unterricht enthält die Tafelanschrift nur einige wenige Zahleigenschaften. Ein Kind denkt sich die Eigenschaft einer Zahl (z. B. gerade, größer als 50). Die anderen halten reihum eines ihrer Zahlkärtchen hoch und fragen: „Darf meine Zahl in den Koffer?" Bei der Antwort „Nein" ruft der Frager ein neues Kind auf; bei „Ja" wird das Zahlkärtchen an die Flanelltafel in den Koffer geheftet. Wer findet zuerst heraus, welche Zahlen in den Koffer gepackt sind? Dieses Kind darf dann eine neue Zahleigenschaft bestimmen.

(vgl. *Floer, J./Haarmann, D:* Mathematik für Kinder. Grundlegung – Beispiele – Materialien. Weinheim 1985, S. 97)

37 *Zahlenrätsel* (2–4) K/G

Ziel: Von Zahleigenschaften auf die Zahl schließen
Material: für jeden Spieldurchgang ein neues Zahlenkärtchen aus Flanelltafelpapier
Zeit: variabel

Spielverlauf: Einem Kind wird ein Kärtchen mit einer ihm unbekannten Zahl auf den Rücken geheftet. Nachdem die Klasse die Zahl gesehen hat, dreht sich das Kind um und fragt z. B.: „Ist meine Zahl gerade? Ist meine Zahl ein Vielfaches von 3?" … Es ist hilfreich, wenn sich das Kind an die Tafel für alle sichtbar oder auf einem Papier Notizen machen kann. Für jede Frage, die es stellt, merkt ein weiteres Kind einen Strich an der Tafel an. Wenn die Zahl gefunden ist, bestimmt das ratende Kind den nächsten „Zahlendetektiv".
Bei Spielende hat das Kind gewonnen, das die wenigsten Fragen stellen musste und somit die wenigsten Striche an der Tafel vermerkt hat.

Variante: Diesmal fragt das ratende Kind nicht, sondern die anderen Kinder denken sich Zahlenrätsel aus, mit denen sie die zu erratende Zahl verschlüsseln, z. B: „Deine Zahl ist ein Vielfaches von 8 und hat als Einerziffer eine Null." Darauf fragt das Kind. „Ist es 80?" -„Nein." – Ist es 40?" – „Ja." Für jede nicht zutreffende Zahl, die das ratende Kind nennt, wird wieder ein Strich an der Tafel gemacht. Welches Kind hat am schnellsten seine Zahl erraten?

(vgl. Flöer, J.: Arithmetik für Kinder. Materialien – Spiele – Übungsformen. Beiträge zur Reform der Grundschule, Band 63. Frankfurt/M 1984, S. 99).

Zahlen

„Ist Ihnen auch schon aufgefallen", sagte mein Computer zu mir, „dass 9 mal 99 mal 999 mal 999999999 plus 535 plus 682526 mal 0 mal 83 mal 8934 mal 784536393425 plus 3 gleich 3 ist?"
„Was?" ,rief ich. „3? Bloß 3?"
„3. Mehr kommt nicht heraus. Bei alledem. Ist das nicht zum Sich-die-Kontakte-Raufen?"
„Lächeln!" ,sagte ich. „Immer nur lächeln!"

(Josef Guggenmos)

(aus: *Gelberg, Hans-Joachim* (Hrsg.): Menschengeschichten. Drittes Jahrbuch der Kinderliteratur. Beltz Verlag, Weinheim und Basel 1975, S. 135)

38 *Vier-Ecken-Rechnen* (1–4) K/G

Ziel: Kopfrechnen in den vier Grundrechnungsarten
Material: für jede der vier Gruppen etwa 20–30 groß- oder kleinformatige Rechenkarten (Aufgaben auf der Vorder-, Ergebnisse auf der Rückseite) oder auch ein Blatt mit Aufgaben und Lösungen (auch kontrollierte Hausarbeit!). Jede Gruppe erhält Aufgaben mit unterschiedlichem Schwierigkeitsgrad .
Zeit: ca. 10–15 Min.

Spielverlauf: In jede Ecke stellt sich ein Spielleiter mit den Aufgaben und beschreibt seine Rechnungsart z.B.: „Bei mir werden Hunderter-Zehner-Zahlen zusammengezählt. Wer will zu mir kommen?" Nun verteilen sich die Kinder nach eigener Wahl auf die vier Ecken. Der Spielleiter zeigt eine Karte mit der Aufgabe oder liest diese von seinem Blatt vor. Wer zuerst die richtige Lösung nennt, erhält die Karte oder ein Plättchen als Punkt. Gewonnen hat in jeder Gruppe, wer die meisten Karten bzw. Punkte sammeln konnte.
Kommentar: Durch die Differenzierung in schwere, mittlere und leichte Aufgaben werden leistungshomogene Gruppen gebildet. Ggf. kann der Lehrer einige Wahlen korrigieren. Als Vorlage kann jeder der vier Spielleiter auch

eine bereits kontrollierte Hausaufgabe aus seinem Rechenheft oder ein schon bearbeitetes Arbeitsblatt nehmen.

39 *Umzingeln* (2/3) P/G

Ziel: Addieren und Subtrahieren von Einern zu bzw. von Zehner-Einer-Zahlen
Material: für jede Gruppe (2–6 Kinder) Rommé-Karten ohne Bube, Dame, König und Joker (As zählt 1, die anderen Karten je nach ihrem Zahlenwert.) sowie Plättchen, Knöpfe o. a. als Siegerpunkte.
Zeit: 30–45 Min.

Spielverlauf: Die Karten werden gemischt und verdeckt in die Mitte auf einen Stoß gelegt. Der erste Spieler wählt eine beliebige Zahl zwischen 20 und 60 und schreibt sie auf ein Blatt. Reihum nimmt nun jeder eine Karte vom Stoß und legt sie offen hin. Im Kopf rechnet jeder mit, ob durch Addition die vorgegebene Zahl bereits erreicht wird. Wenn man über die Zielzahl hinauskommt, darf man auch subtrahieren. Wer zuerst die notierte Zielzahl erreicht, hat die erste Runde gewonnen und bekommt einen Punkt. Dann beginnt eine neue Runde, für die der zweite Spieler die Zielzahl notiert.
Möglicher Spielverlauf:
Die Karten werden in einer Schlange nebeneinandergelegt:

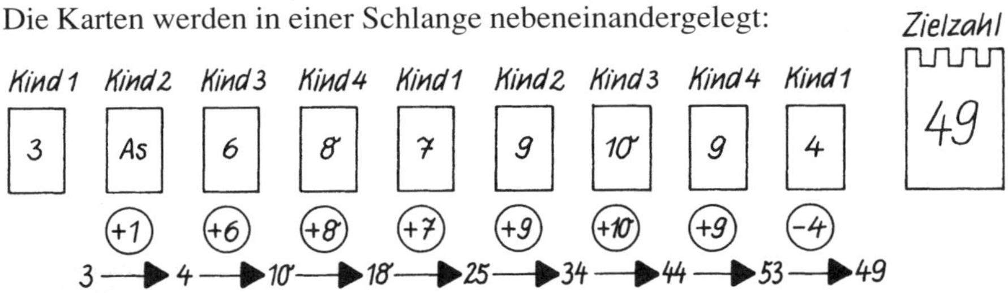

Kind 1 hat in diesem Fall gewonnen.
Kommentar: Die von der Freizeit her bekannten Rommé-Karten sichern eine hohe Motivation. Bevor die Zielzahl erreicht wird, wird sie erfahrungsgemäß öfter als hier dargestellt über- oder unterschritten, sodass der Zehnerübergang intensiv geübt wird. Der Sieg ist zufallsabhängig, wodurch Spielfreude auch bei schlechten Rechnern gewährleistet ist.

(*vgl. Radatz, H./Schipper, W:* Handbuch für den Mathematikunterricht an Grundschulen. Hannover 1983, S. 169)

40 *Das Acht-Karten-Spiel* (2/3) P/G

Ziel: Geschicktes Anwenden der vier Grundrechnungsarten
Material: für jede Gruppe ein halber Satz Rommé-Karten ohne Bube, Dame, König, Joker (40 Karten); Stift und ein DIN-A4-Blatt für jedes Kind
Zeit: ca. 20 Min.

Spielverlauf: Die Karten werden gemischt und verteilt. Jeder Mitspieler erhält acht Karten, sodass maximal fünf Kinder mitspielen können. (Bei einem ganzen Kartensatz erhöht sich die Zahl entsprechend.) Mit den acht Zahlen der Karten sind vier Rechenaufgaben zu bilden, zu jeder Grundrechnungsart eine. Dabei sind die Zahlen so zusammenzustellen, dass die Summe der vier Ergebnisse dieser Rechnungen möglichst groß wird. Bei der Division dürfen Reste auftauchen, die jedoch nicht mitgerechnet werden.
Wenn jeder Mitspieler seine Karten auf dem selbst angefertigten Spielbogen ausgelegt, seine vier Rechnungen und die Summe der Ergebnisse notiert hat, überprüft die Gruppe gemeinsam. Der Gewinner jeder Runde erhält einen Punkt. Nach jeder Runde werden die Karten neu gemischt und verteilt.

Beispiel (As zählt 1):

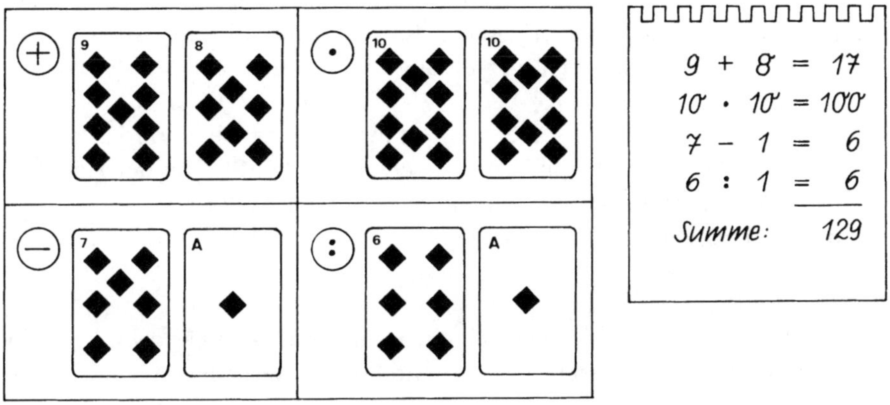

Kommentar: Wenn immer die gleichen Kinder wegen ungeschickter Zahlverwendung vom Sieg ausgeschlossen sind, empfiehlt sich ein Gespräch über eine geschickte Strategie: Die größten Zahlen für die Multiplikation, dann für die Addition verwenden. Manchmal greift auch die Gruppe helfend ein („Du musst das so machen. . . „).

(vgl. Radatz, H./Schipper, W., S. 187)

41 *Stechen* (1–3) P/G

Ziel: Vergleichen von Rechenausdrücken (Termen) im Kopf (z. B. 19 – 7 ist kleiner als 15 – 2); Addition von Einern zu Zehner-Einer-Zahlen
Material: Rommé-Karten, kopiertes Blatt mit Kärtchen zum Ausschneiden (KV 15)
Zeit: ca. 15 Min.

○ *Spiel mit Rommé-Karten:*
Der Lehrer spielt zusammen mit einem Kind vor und erläutert dabei. Zur Einführung wird am besten ein halber Satz Rommé-Karten ohne Joker, Dame, Bube, König und As verwendet (also nur die Karten mit Zahlen).
Die Karten werden gemischt. Jeder erhält die Hälfte und hält seinen Kartenstoß verdeckt in der Hand. Der Lehrer nimmt nun die oberste Karte von seinem Stoß und legt sie offen auf den Tisch, z. B. eine Neun. Der Mitspieler legt z. B. eine Zehn daneben und erhält, da seine Karte einen höheren Wert hat, beide Karten. Er legt seinen Stich auf dem Tisch ab. Dann legen beide Mitspieler eine neue Karte offen hin. Zeigen beide Karten die gleiche Zahl, wird nochmals eine Karte ausgelegt usf., bis einer stechen kann und dann alle ausgelegten Karten nehmen darf. Das Spiel ist zu Ende, wenn ein Mitspieler keine Karten mehr in der Hand hat.
Länger als das Spiel selbst dauert nun die Auswertung, bei der die Wertsumme der bei den Stichen erhaltenen Karten ermittelt wird (Addieren der Zahlen von 2–10 zu Zehner-Einer-Zahlen). Gewonnen hat, wer die höchste Wertsumme erreicht.
Variante: Da im 1. Schuljahr die Auswertung noch zu schwierig ist, werden die Stiche nicht abgelegt, sondern verdeckt unter den Stoß in der Hand geschoben. Wer zuerst keine Karten mehr hat, hat dann verloren.
Bei diesem leicht erlernbaren Spiel können bis zu vier Kinder mitspielen.

○ *Spiel mit Rechenkarten:*
Zwei oder drei Mitspieler teilen sich einen Satz Aufgabenkärtchen (vgl. KV 15), die sie verdeckt vor sich auf einen Stoß oder Haufen legen. Gleichzeitig legt jeder die oberste Karte offen in die Mitte. Der Spieler, dessen Aufgabe das höchste Ergebnis hat, sticht und schiebt die erhaltenen Karten unter seinen Stoß. Es verliert, wer zuerst keine Karten mehr hat.
Kommentar: Das Spielen mit den Rommé-Karten macht den Kindern viel Spaß, da es weniger als schulisches Rechnen, sondern als Gesellschaftsspiel angesehen wird. Wird die Spielregel beherrscht, lässt sie sich zum Üben weiterer Rechnungsarten (Subtraktion, Multiplikation, Division) heranziehen. Da jeder den Stich haben will, kann man davon ausgehen, dass die Mitspieler eifrig mitrechnen und sich gegenseitig kontrollieren. Ein schlechter Rechner hat dabei ebenso viele Gewinnchancen wie ein guter.

Stechen	KV 15

Schneidet die Kärtchen aus und teilt sie unter zwei Spielern!
Jeder legt sie verdeckt auf einen Stoß, nur die oberste Karte bleibt offen.
Wer das höhere Ergebnis hat, erhält die Karte des anderen und schiebt sie unter seinen Stoß.
Es verliert, wer keine Karte mehr hat.

20 – 1	19 – 7	16 – 2	20 – 5
15 – 4	17 – 3	20 – 8	18 – 5
14 – 1	20 – 2	13 – 2	19 – 6
20 – 7	18 – 2	15 – 3	16 – 4
17 – 5	19 – 4	20 – 3	18 – 4
19 – 3	20 – 10	19 – 1	20 – 6
20 – 4	19 – 2	18 – 3	20 – 9

Spiele mit Stift und Papier

Während bei Würfel- oder Kartenspielen ein motivierender Spielgegenstand, nämlich der Würfel oder die Karten, im Mittelpunkt stehen, rücken die Schreibspiele in die Nähe „normalen" Unterrichts. Gegenüber dem bekannten „Päckchen-Rechnen" zeigen sich dennoch spielerische Elemente, indem

– das Aufschreiben mit einer *motivierenden Tätigkeit* verbunden wird, z. B. beim „Kegelspiel" oder„Platztausch";
– das Aufschreiben von einem *motivierenden Spielgedanken* ausgeht, z. B. beim Spiel „Vier in einer Reihe";
– das Aufschreiben durch das *Finden einer Strategie,* eines sicheren Weges zum Gewinn, provoziert wird, z. B. beim Spiel „Wer hat einen Treffer?"
– die *grafische Gestaltung* zum Rechnen verlockt, z. B . beim „Irrgarten";
– die Kinder *vermehrte Freiräume* haben, sei es im Blick auf den Inhalt oder auf die soziale Kontaktaufnahme, z. B. beim Spiel „Platztausch".

Der letztlich zündende Funke, ob Spiel und Spaß oder nicht, wird jedoch immer die Art und Weise und somit die Einstellung sein, wie ein Lehrer ein Soll oder Muss präsentiert.

Spielanregungen:
42 Lustige Rechengeschichten (2–4)
43 Zahlennachbarn (2–4)
44 Wer hat einen Treffer? (2/3)
45 Umknickspiel (2–4)
46 Irrgarten (2/3), mit KV 16
47 Abwechslungsreiches Kopfrechnen (1–4), mit KV 3
48 Platztausch (1–4)
49 Kegelspiel (2/3)
50 Zahlenzauber (4)

42 *Lustige Rechengeschichten* (2–4) K

Eine Laus für fünf Mark

Eines Tages kam meine Schwester Klara ganz aufgeregt von der Schule und fragte mich: „Hast du eine Mark?" „Ich habe sogar drei Mark", antwortete ich stolz. Ich zeigte meiner Schwester Klara die drei Mark. „Wenn du mir eine Mark schenkst", flüsterte sie mir ins Ohr, „werde ich eine Woche lang mit dir spielen. So lange wie du nur willst." „Du lügst! Du lügst!" „Ich lüge gar nicht." „Du lügst … weil du in die Schule musst. Und wenn du in der Schule bist, kannst du nicht mit mir spielen. „ „Wenn du mir eine Mark schenkst, werde ich eine Woche schulfrei haben." „Kostet

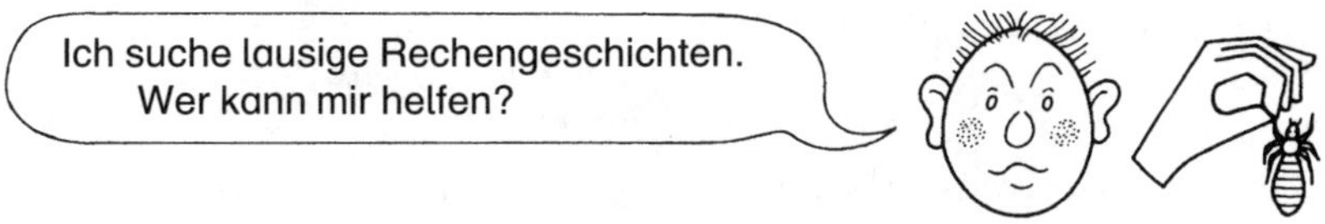

das eine Mark?" „Nein, es kostet fünf Mark. Aber vier Mark habe ich schon." „Klara, wenn du jede Woche fünf Mark bezahlst, brauchst du dann überhaupt nicht in die Schule gehen?" „Nein, das geht nur für eine Woche. Und wenn ich jetzt fünf Mark bezahle, kriege ich bestimmt die nächste Woche schulfrei!" „Dann schenke ich dir eine Mark." „Du bist ein goldiger Bruder."
Sie steckte die Mark ein, warf ihre Schultasche in die Ecke und sagte: „Du darfst mitkommen. Wir gehen jetzt zur Schule zurück." „Musst du die fünf Mark deiner Lehrerin geben?", wollte ich wissen. „Nein, ich muss nur etwas von einem Schüler kaufen." „Was denn?" „Eine Laus." „Waaas?" „Eine Kopflaus", erklärte Klara. „Jeder Schüler, der Läuse hat, kriegt eine Woche schulfrei. Das weiß doch jeder."
Und Klara erzählte mir ganz aufgeregt, dass ein großer Schüler aus der dritten Klasse die Läuse verkauft. Auch an Klaras Freundin Petra. Sie hat seit gestern schulfrei.
Klara meinte, sie müsste die Laus unbedingt heute kaufen. Der Junge aus der dritten Klasse hätte nämlich täglich den Preis erhöht. Vor drei Tagen war er noch mit einer Mark pro Laus zufrieden, jetzt wollte er schon fünf Mark. So ein Halsabschneider!
Im Schulhof haben wir den Halsabschneider bald gefunden. Er stand in einer Ecke und wartete auf Kunden. „Hast du das Geld?", fragte er meine Schwester Klara. „Fünf Mark! Keinen Pfennig weniger!" Sie nickte. Er steckt das Geld ein, dann beugte er seinen Kopf und hielt ihn vor uns hin. „Ihr dürft euch die Laus selber aussuchen. Aber nur eine."
Wir begannen sofort, in seinen Haaren zu suchen. Bald fanden wir ein paar Läuse. „Klara", flüsterte ich und boxte sie in die Rippen, „für fünf Mark müssen wir die größte aussuchen." Das haben wir auch gemacht.
Klara steckte sich die Laus sofort in die Haare und wir liefen zufrieden nach Hause. Dort haben wir lange zusammen gespielt, bis Mama kam und fragte: „Klara, hast du deine Hausaufgaben schon für morgen gemacht?" „Nein, Mama." „Warum nicht?" „Weil sie ab morgen eine Woche schulfrei hat!", rief ich, um Mama zu beruhigen. „Sie hat nämlich Läuse!" „Was hat sie?", fragte Mama entsetzt. „Kopfläuse. Und wenn ein Schulkind Läuse hat, kriegt es immer eine Woche schulfrei! Das weiß doch jeder!" „Das gibt es doch nicht. Hast du wirklich Läuse?" „Ja, Mama", nickte Klara.
Mama lief fort um einen Kamm zu holen und begann in Klaras Haaren zu suchen. Sie suchte und suchte und suchte, fand aber nichts. „Du hast keine Läuse!", sagte sie erleichtert. „Weil du nicht richtig suchst." Ich zeigte ihr die Stelle, wo sie suchen sollte. Jetzt fand Mama Klaras Laus. „Mein Gott, das ist aber ein Riesenbiest! Wo hast du dir das bloß geholt?" Mama nahm die Laus mit zwei Fingern und legte sie auf ein Stück Papier. Das tat mir leid. Ich dachte, ich könnte sie weiterverkaufen. Vielleicht für sechs Mark. „Mama!", rief ich. „Mach sie nicht kaputt! Wir haben fünf Mark dafür bezahlt. Wir werden sie weiterverkaufen, damit auch ein anderes Kind eine Woche schulfrei kriegt!"
Was wir da zu hören bekamen, könnt ihr euch wohl denken.

(Dimiter Inkiow)

(aus: *Inkiow, Dimiter:* Meine Schwester Klara und das liebe Geld. Franz Schneider Verlag, München 1985)

„Wie viel kostet dieses Kleid?“, fragt die vornehme Dame. – „Nur achtundneunzig Mark, gnädige Frau!“, antwortet die Verkäuferin. – „Dann wird es wohl nicht viel wert sein!“ – „Sie können es auch für hundertachtzig Mark haben!“

Lehrer: „Hugo, wenn du dir jeden Tag für 30 Pfennig Bonbons kaufst, was gibt das in einer Woche?“ – Hugo: „Zahnschmerzen.“

Beim Friseur: „Was kostet das Haareschneiden?“
Friseur: „Acht Mark fünfzig.“
Kunde: „Und was zahlt man bei Ihnen für's Rasieren?“
Friseur: „Drei Mark.“
Kunde: „Also, dann rasieren Sie mir mal den Kopf!“

„Sag mal, was habe ich da gehört, du hast 30000 Mark für ein neues Elektro-Auto ausgegeben?“
„Ja, das stimmt schon. Allerdings hat das Auto selbst nur 5000 Mark gekostet. Das Verlängerungskabel war so teuer. „

Heini fragt seine Mutter: „Kannst du mir eine Mark geben? Ich brauche sie für einen alten Mann. „
Mutter: „Aber gern, Heini. Es freut mich, dass du einem alten Mann helfen willst. Wo ist er denn?“
Heini: „Er steht nebenan vor dem Kaufhaus und verkauft Eis.“

Die Oma soll auf den kleinen Fritz aufpassen. Beim Spielen sagt er ein sehr unanständiges Wort. Daraufhin verspricht Oma: „ Wenn du dieses Wort nie mehr sagst, bekommst du zwei Zehner von mir. Versprich es mir!“
„Na gut“, sagt Fritz und nimmt die zwanzig Pfennig.
„Übrigens, ich weiß noch ein viel unanständigeres Wort. Das ist mindestens eine Mark wert.“

Drei Kinder und eine Rechenaufgabe
Schulgeschichte

Ist eine Aufgabe für drei Kinder dreimal ein und dieselbe Aufgabe oder dreimal eine andere Aufgabe?

DREI BRÜDER SITZEN AUF EINER MAUER. DER ERSTE IST HALB SO ALT WIE DER ZWEITE UND DER ZWEITE HALB SO ALT WIE DER DRITTE. DER DRITTE SAGT: IN ACHT JAHREN BIN ICH DOPPELT SO ALT WIE HEUTE. WIE ALT SIND DIE DREI BRÜDER?

Uwe:
Ich gucke zuerst, wo der Trick ist. Der verrät nämlich, worauf es ankommt. In 8 Jahren bin ich doppelt so alt, klar, das ist es! Dann ist der Junge jetzt acht! Mensch, ist das leicht! Der Nächste ist vier, der Kleine zwei ... Schnell die nächste Aufgabe, macht das wieder Spaß heute!

Ralf:
Aha! Doppeltrechnen, das hab' ich gern, ich probiere einfach mal aus: Der Kleine ist drei, der Nächste sechs, der Dritte 12. In 8 Jahren ist er 20. Aber das ist nicht das Doppelte von 12, die 12 ist zu viel. Ich muss kleiner anfangen: 2, das Doppelte ist 4, davon das Doppelte ist 8 – in 8 Jahren ist er doppelt! Hab' ich ein Glück! Das stimmt ja! Wenn ich noch länger ausprobiert hätte, wäre ... Schnell die nächste ...

Axel:
Ich will es nochmal lesen, meine Mutter sagt immer, das ist das Wichtigste, dass du alles genau von vorn liest. Der Erste ist halb so alt. – Ich möchte bloß wissen, wie alt der ist, ich kann solche Aufgaben doch nicht, ich will noch mal anfangen – der Erste ist halb so alt wie der Zweite … Wie kann ich denn wissen, wie alt der Zweite ist? Ich schaffe die Aufgabe bestimmt nicht, ich kann mich auf was gefasst machen, wenn ich eine Fünf bringe, hat meine Mutter gesagt …, halb so alt wie der Dritte, ich möchte mal wissen, wie ich diese blöde Textaufgabe machen soll … Ich will noch mal von vorne lesen: Drei Brüder … Was, jetzt soll ich die Arbeit schon abgeben? Die sind wohl verrückt …

(Irmela Wendt)

(aus: *Gelberg, Hans-Joachim* (Hrsg.): Menschengeschichten. Drittes Jahrbuch der Kinderliteratur. Beltz Verlag, Weinheim und Basel 1975, S. 258)

43 Zahlennachbarn (2–4) P

Ziel: Nachbarzahlen im erarbeiteten Zahlenraum verbinden
Material: Selbstgefertigter Spielplan, zwei verschiedenfarbige Stifte
Zeit: ca. 10 Min.

Spielverlauf: Zuerst fertigen sich je zwei Spielpartner einen Spielplan an, indem sie im Wechsel vom Lehrer vorgegebene Zahlen (z. B. von 1 bis 30, von 90 bis 120, von 990 bis 1020) wahllos auf ein Blatt Papier schreiben. So schreibt ein Kind z. B. die Eins auf, der Partner die Zwei, dann das erste Kind die Drei usf. Dann verbinden beide Spieler abwechselnd in zwei verschiedenen Farben aufeinanderfolgende Zahlen durch Linien. Die Linien dürfen sich weder berühren noch kreuzen. Wer das nicht mehr schafft, hat verloren.

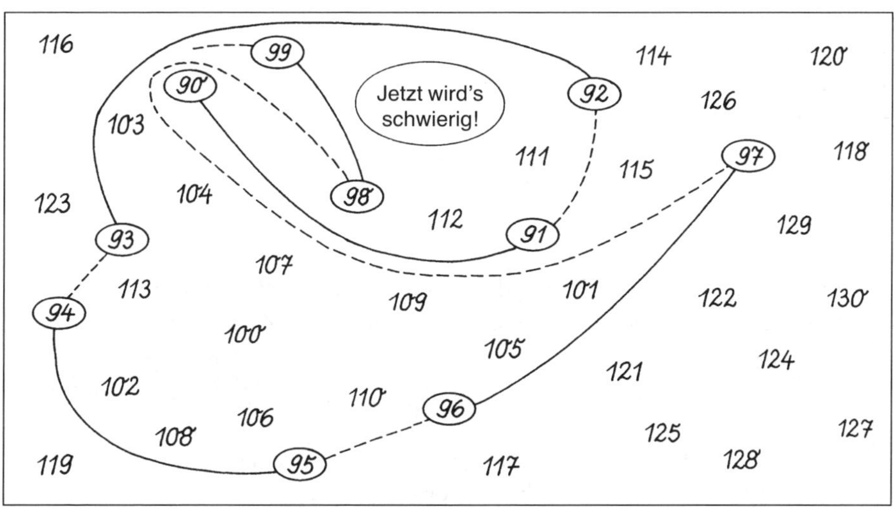

44 *Wer hat einen Treffer?* (2/3) K/G/P

Ziel: Addieren bis 100
Material: Cuisenaire-Stäbe
Zeit: je nach Zahlenraum und Spielform variabel; ca. 20–30 Min.

Spielverlauf: Zwei Schüler rechnen vor der Klasse im mündlichen Wettstreit. Dabei addiert jeder abwechselnd zu der vom Partner genannten Zahl eine beliebige Zahl zwischen 1 und 6. Gewonnen hat, wer zuerst 40 erreicht.

Beispiel:

Kind 1	Kind 2
6	6 + 5 = 11
11 + 5 = 16	16 + 6 = 22
22 + 2 = 24	24 + 3 = 27
27 + 5 = 32	32 + 6 = 38
38 + 2 = 40	

Der Sieg von Kind 1 weist auf die Gewinnstrategie hin. Die zum Gewinn führenden Zahlen sind hierbei 8, 16, 24, 32, 40. Wer somit die Vielfachen von 8 anstrebt, wird gewinnen.
Läßt sich an den Schülerversuchen keine Gewinnstrategie zeigen, spielt der Lehrer gegen einen guten Rechner und schreibt den Spielverlauf an die Tafel.
Im Partnerspiel erproben dann die Kinder die nun bekannte Strategie. Das Spiel ist auch eine motivierende Hausaufgabe.

Varianten:
Das Verändern der Zielzahl und des Additionsspielraums fordert zum Suchen neuer Gewinnstrategien heraus:
- Zähle höchstens 10, aber mindestens 1 dazu! Ziel: 100 (Gewinnzahlen: 1, 12, 23, 34, 45, 56, 67, 78, 89)
- Zähle höchstens 5, aber mindestens 2 (3) dazu! Ziel: 30
- *Trefferspiel mit Cuisenaire-Stäben*
  Es können zwei bis fünf Kinder mitspielen. Reihum schreibt jeder Mitspieler auf ein Blatt eine beliebige zweistellige Zahl, die Zielzahl, auf. Beim Spiel dürfen nur Einserwürfel, Zweier-, Fünfer- und Zehnerstäbe verwendet werden. Reihum legt jeder einen Stab seiner Wahl an. Wer zuerst die Zielzahl genau erreicht, hat gewonnen. Nun werden die Stäbe wieder aus der Mitte genommen und ein neues Spiel beginnt, in dem die zweite Zielzahl gelegt werden muss.

Beispiel:

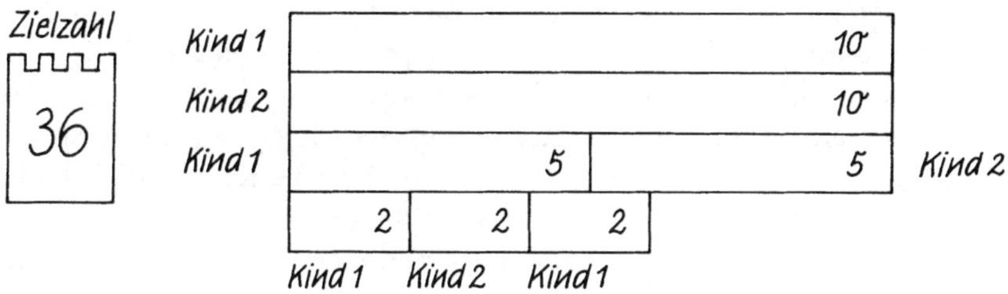

Kommentar: Das Spiel verläuft stumm, da die ausgelegten Stäbe jedes Zwischenergebnis anschaulich darstellen. Der Spielreiz liegt darin, dem nächsten Spieler einen Zahlenwert hinzulegen, von dem aus er die Zielzahl nicht erreichen kann. Ausgefuchste Spieler addieren deshalb nicht nur fortlaufend, sondern ergänzen möglichst frühzeitg und fortlaufend auf die Zielzahl. Aber auch wenn „strategielos" gespielt wird, profitieren schlechte Rechner von der anschaulichen Darstellung der Zahlen.

Mathe-Max spielt das Trefferspiel zur Taschengeldaufbesserung. Er sagt zu seinem Vater: „Jeder von uns sagt abwechselnd eine Zahl von 1 bis 9 und addiert sie zum Ergebnis des anderen dazu. Wer zuerst 100 erreicht, bekommt vom anderen 100 Pf, also 1 DM. Willst du anfangen?"
Vater sagt neun. Mathe-Max zählt eins dazu und sagt zehn. Dann wieder Vater, dann Mathe-Max, der schließlich gewinnt. Wenn man höflich ist und den anderen anfangen lässt, kann man immer die Zahl, die der andere nennt, auf den vollen Zehner ergänzen. Und dann ist das Spiel gelaufen. Wenn der andere jedoch abwehrt, selbst anzufangen, kann man nur hoffen, dass er den Trick nicht kennt!

(aus: Schneider Schülerkalender 1980. Franz Schneider Verlag, München)

45 *Umknickspiel* (2–4) G

Ziel: Auf vorgegebene Zahlen (am besten 100, 1000) ergänzen
Material: für jede Dreiergruppe ein DIN-A4-Blatt ünd einen Stift; Tafelanschrift
Zeit: 15–30 Min.

Spielverlauf: Jede Gruppe teilt ihr Blatt in drei gleich große Spalten ein. Damit die Kinder den Überblick behalten, wird die Anweisung am besten an der Tafel vorgegeben. *Beispiel:*

Spalte 1	Spalte 2	Spalte 3
Schreibe eine Zahl zwischen 100 und 800 auf!	Ergänze die Zahl von Spalte 1 auf 1000! Knicke dann Spalte 1 um!	Ergänze die Zahl von Spalte 2 auf 1000!
133	867	133

Kind 1 schreibt in Spalte 1 nun eine entsprechende Zahl, z. B. 133, ohne dass die Mitspieler 3ie sehen können. Dann reicht es das Blatt an Kind 2, das Spalte 2 ausfüllt (867). Kind 2 knickt dann Spalte 1 um und reicht das Blatt an Kind 3, das Spalte 3 ausfüllt (133). Nun erhält Kind 1 das Blatt, das von ihm auseinandergefaltet wird. Wurde richtig gerechnet, stehen in Spalte 1 und 3 die gleichen Zahlen. Nach der Kontrolle reicht Kind 1 das Blatt an Kind 2 weiter, das nun die nächste Runde einleitet. Entdeckt der „Kontrolleur" einen Fehler, gibt er das Blatt dem betreffenden Kind und lässt sich in Schritten vorrechnen.

Beispiele für weitere Anweisungen:

① Schreibe eine Zahl zwischen 51 und 100 auf!	② Welche Zahl musst du von der Zahl bei ① abziehen, um 38 zu erhalten?	③ Zähle 38 und die Zahl bei ② zusammen!
74	36	74

① Schreibe ein Vielfaches von 9 auf!	② Teile durch 9!	③ Vervielfache die Zahl von ② mit 9!
63	7	63

Kommentar: Da das Spiel an das bekannte Malspiel erinnert, bei dem reihum gemalt und umgeknickt wird, wirkt es auf die Kinder sehr motivierend. Die einfache Form der Selbstkontrolle entlastet den Lehrer.

Scherzfrage: Auf einem Taxiparkplatz stehen 17 Taxis. Die ersten fünf Taxis fahren weg. Wie viele Taxis bleiben stehen?

Lösung: Keins bleibt stehen, die anderen rücken nach.

46 *Irrgarten* (2/3) P/E

Ziel: Addieren (Zehner-Einer-Zahlen plus Einer, Einer plus Einer, Zehner-Einer plus Zehner-Einer); Multiplizieren
Material: KV 16, Bleistift und Farbstifte
Zeit: ca. 60 Min.

Spielverlauf: Im Irrgarten soll von einer beliebigen Startzahl aus ein Weg eingezeichnet werden, immer von einer Zahl zu einer benachbarten. Dazu wird von Zahl zu Zahl ein waagrechter, senkrechter oder diagonaler Strich gemacht, der einen Schritt bedeutet. Im 2. Schuljahr sind 15 Schritte erlaubt, im 3. Jahrgang 40 Schritte. Die Zahlen, die auf dem Weg liegen, werden fortlaufend zusammengezählt. Wer mit 15 bzw. 40 Schritten die höchste Zahl erhält, hat gewonnen.

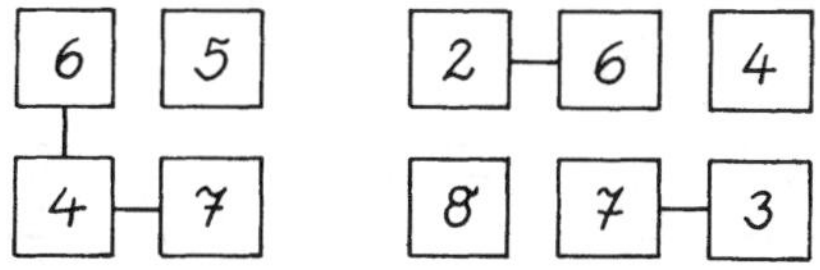

Reizvoll ist es, mehrmals gegen sich selbst zu spielen und zu versuchen, die erreichte Endzahl zu verbessern. Für jeden Weg wird dabei am besten eine andere Farbe gewählt (Lehrerkontrolle!). So bringt das Spiel auch Abwechslung in die Hausaufgaben.

Varianten:

- Beim Paarspiel können beide abwechselnd im gemeinsamen Spielplan einen Schritt einzeichnen. Entweder rechnen sie im Kopf mit, ohne zu sprechen, und nennen sich dann gegenseitig das Endergebnis; bei verschiedenem Ergebnis muss dann anhand des Weges nochmals gerechnet werden. Oder die Kinder geben sich gegenseitig nach jedem Schritt das Zwischenergebnis an.
- Zu Beginn würfeln die beiden Spielpartner dreimal hintereinander und legen mit der erreichten Summe die erlaubte Schrittzahl fest. Jeder zeichnet dann in seinem Spielplan einen Weg ein. Danach tauschen die beiden ihre „Irrgärten" aus und rechnen den Weg des Partners nach. Für das zweite Spiel wird wieder neu gewürfelt.
- Im Irrgarten werden zwei oder mehr benachbarte Zahlen verbunden, deren Summe (Differenz) eine vereinbarte Zahl ist, z. B. 17 (4).
- Ab dem 3. Schuljahr können die Kinder die Zahlen, an denen sie vorbeikommen, mit einer vorgegebenen Zahl multiplizieren und dann die Produktwerte addieren, um ihre Endzahl festzustellen.

Sicher finden Sie oder Ihre Klasse noch mehr Irrgartenspiele!

47 *Abwechslungsreiches Kopfrechnen* (1–4) K/G/P

Ziel: Üben der erlernten Rechenverfahren
Material: für jedes Kind Stift und Papier, KV 3
Zeit: ca. 10–15 Min.

○ *Gerade oder ungerade* (Addition bis 20)

Alle Kinder haben ihre Hände auf den Rücken gelegt. Auf Ihr Kommando „Los!" hin nehmen sie die Hände vor und zeigen mit den Fingern eine beliebige Zahl bis zehn. Je zwei Nachbarn zählen ihre beiden Zahlen zusammen. Ist die Summe der gezeigten Finger von beiden Kindern gerade, gewinnt der rechte Nachbar einen Punkt (Plättchen nehmen oder auf einem Zettel einen Strich machen). Ist die Summe dagegen ungerade, gewinnt der linke Nachbar. Wenn alle Paare ihren Sieger ermittelt haben, beginnt die nächste Runde.

Irrgarten

KV 16

4	3	7	1	4	5	2	9	1	3	2	8
7	4	4	8	7	4	9	1	4	9	7	4
4	9	5	1	6	4	4	8	5	3	3	8
3	6	4	7	4	7	3	7	3	5	7	3
6	2	2	5	8	3	5	8	9	4	6	6
9	2	6	4	3	9	5	8	7	3	5	7
7	1	8	3	7	2	6	4	7	9	8	9
1	8	4	9	6	8	5	7	5	6	1	9
5	2	7	2	8	3	8	9	7	4	5	3
9	6	2	9	8	6	1	5	6	4	7	6
5	5	8	3	7	4	8	6	9	6	8	3
8	2	7	1	5	6	8	9	6	9	3	5
2	9	5	4	9	8	7	6	5	6	7	3

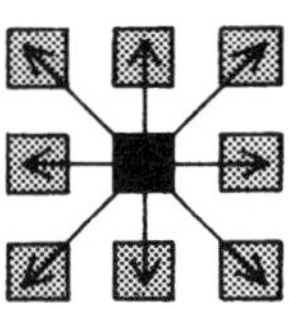

Suche einen Weg durch den Zahlen-Irrgarten! Beginne wo du willst!
Zeichne den Weg farbig ein!
Zähle alle Zahlen zusammen, an denen du vorbeikommst!
Welche Zahl hast du mit 15 (40) Schritten erreicht?
Beginne nochmals und zeichne deinen Weg nun mit einer anderen Farbe ein!
Kannst du dich selbst besiegen? Trage hier die von dir erreichten Zahlen ein:

Spiel 1		rot	Spiel 3		gelb	Spiel 5		______	Spiel 7		______
Spiel 2		blau	Spiel 4		grün	Spiel 6		______	Spiel 8		______

Beispiel: A (rechts am Tisch sitzend) zeigt sechs Finger, B (links) zeigt sieben Finger. Mit der Summe 13 hat B gewonnen.

○ *Ankreuzbogen:* (KV 3) Die Kinder kreuzen mit Bleistift die Ergebnisse vom Lehrer (oder einem Kind) gestellter Aufgaben auf einer ausgefüllten Hundertertafel (KV 3) an. Bei richtiger Lösung ergibt sich ein Muster oder ein einfaches Bild, z. B.:

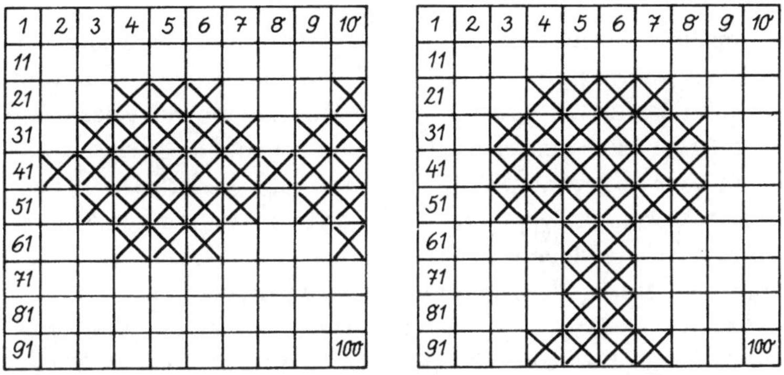

Wird im größeren Zahlenraum gerechnet, werden an Stelle der Zahlen 1–100 andere Zahlen eingetragen (KV 3/unten).
Als Ankreuzbogen lassen sich auch Blätter von Monatskalendern oder Lotto-Toto-Scheine verwenden. Dabei müssen die Aufgaben so gewählt werden, dass die Lösungen zwischen 1 und 30 bzw. 49 liegen.

Kommentar: Auch wenn hier der Spielgedanke in den Hintergrund tritt, ist es doch eine Möglichkeit, das Kopfrechnen freudvoller zu gestalten. Man könnte für jeden richtigen Bogen auch Siegerpunkte verteilen, die die Kinder sammeln.

○ *Geheimbotschaft*

Der Lehrer (oder ein Kind) nennt Aufgaben und notiert sich die Lösungen. Jedes Kind schreibt seine Ergebnisse untereinander auf. Damit auch langsame Rechner mitkommen, schaut jeder, der fertig ist, zum Lehrer. Dieser liest am Schluss die Ergebnisse der Reihe nach vor und nennt zu jedem einen Buchstaben, den die Kinder mit richtiger Lösung hinter das Resultat schreiben. Wer falsch gerechnet hat, darf diesen Buchstaben nicht aufschreiben. Wenn alle Lösungen richtig sind, ergeben die Buchstaben von oben nach unten gelesen ein lobendes Wort oder einen Satz als Ansporn *(Beispiele:* Du kannst prima rechnen. – Das war leicht für dich. – Note Eins mit Stern. – Heute bist du ein Rechenkönig ...). Es macht den Kindern Spaß, solch wechselnde „Geheimbotschaften“ zu erhalten. Zugleich ist diese Möglichkeit viel weniger aufwendig als das Erstellen entsprechender Arbeitsblätter.

Im 1. Schuljahr können alle Kinder, die die Ergebnisse richtig und abgehakt haben, unter den „Zahlenturm“ ein Bild malen (Krone, Herz, Blume oder etwas Ausgedachtes) und sich so selbst bestätigen. Mit erheblichem Stolz wird dann im Heft auf die Bilder hingewiesen. Dies ist zugleich eine gute Möglichkeit bei der Hausaufgabenkontrolle.

○ *Rechenreise*
Zur Abwechslung sitzen die Kinder auf dem Tisch; die Sitzordnung im Hufeisen ist am besten geeignet. Das erste Kind stellt sich vor das zweite. Nun nennt der Lehrer eine Aufgabe. Wer von den beiden zuerst das richtige Ergebnis nennt, stellt sich vor das dritte Kind. Entweder muss sich das stehende Kind setzen oder es darf zum dritten Kind „weiterreisen“. Die nächsten beiden Kinder erhalten nun wieder eine Aufgabe vom Lehrer usf. Man kann das Spiel – meist zum Bedauern der Kinder – jederzeit abbrechen. Gewonnen hat der, der von seinem Platz aus am weitesten weiterreisen konnte.
Kommentar: Wenn im Sitzkreis gespielt wird, stellt sich das Kind jeweils hinter den Stuhl seines Gegners. Damit ist auch das Stichwort gefallen, weshalb ich lange überlegt habe, ob ich dieses „Spiel“ aufnehmen soll. Die Nachteile liegen auf der Hand: Nur schnelle, sichere Rechner werden erfolgreich sein; es rechnen jeweils nur die beiden betroffenen Kinder, oft auch nur eines, weil das andere von vornherein gegen diesen „Gegner“ aufgibt. Man könnte deshalb vielleicht die Beteiligung aller sichern, indem man von den jeweils nicht unmittelbar Betroffenen die Ergebnisse aufschreiben lässt. Aber, für mich unerklärlich, die Kinder lieben das Spiel, wie ich es eingangs beschrieben habe, als harten, fordernden Zweikampf, der den anderen die Entscheidung „Mitrechnen oder nicht“ offen lässt. In den Augen der Kinder ist die „Rechenreise“ eher ein Spiel als ein Zweikampf, der meinen pädagogischen Intentionen nicht voll entspricht.

○ *Tafelspiel*
An der Tafel oder auf Folie sind Rechnungen mit ihren Ergebnissen zu sehen. Jedes Kind nennt seinem Nachbarn fünf Aufgaben, die dieser, weil mit dem Rücken zur Tafel sitzend, nicht sieht. Der Nachbar schreibt jeweils das Ergebnis auf. Ist es falsch, weist er den Rechner darauf hin: „Das ist falsch. Rechne mir die Schritte vor!“ Mit individuell unterschiedlicher Hilfe und Korrektur wird das richtige Ergebnis gefunden. Nach fünf Aufgaben wird dann gewechselt.
Statt der Tafelanschriften können auch (korrigierte) Hausaufgaben im Heft oder bereits bearbeitete Arbeitsblätter als Vorlage verwendet werden. Es macht nämlich Spaß, etwas „Gekonntes“ zu zeigen!

○ *Klasse gegen Lehrer*
Das erste Kind nennt eine Aufgabe (z. B. 900 x 50) und ruft das nächste auf, das nur einen Rechenbefehl (z. B. minus 2300) gibt usf. Wie beim Kettenrechnen wird jeweils mit der letzten Ergebniszahl weitergerechnet. Alle übrigen Kinder und der Lehrer notieren die Ergebniszahlen untereinander. Zum Schluss nennt der Lehrer sein Endergebnis. Wer hat zusammen mit ihm gewonnen?

○ *Die verbotene Fünf* (2/3)
Die Lehrerin/der Lehrer stellt Rechenaufgaben, deren Ergebnis einmal oder auch mehrmals die Ziffer Fünf enthält (an beliebiger Stelle), z.B. 61 – 6. Wer antworten will, darf jedoch nicht 55 sagen, sondern muss einen Rechenausdruck (Term) ohne die verbotene Fünf nennen, also z. B. 49 + 6, 62 – 7 usw. Am besten wird in der Gruppe gespielt, wobei reihum jeder einen Term nennen soll. Wem das gelingt, erhält einen Siegerpunkt. Wem nichts einfällt, der wird übergangen.

Rechnungen singen
Vielen Kindern geht es beim Kopfrechnen einfach zu schnell. Dem können Sie abhelfen, wenn Sie mit getragener Kirchengesangsstimme die Rechnungen langsam und einprägsam singen. Die Kinder singen ebenso ausdrucksvoll das Ergebnis.

(mitgeteilt von *Heide Zacher*)

48 *Platztausch* (1–4) K

Ziel: Üben der erlernten Rechenverfahren
Material: Die Hälfte der Klasse legt Schreibzeug und Papier auf den Tisch.
Zeit: ca. 30 Min.

Verlauf: An jedem Zweiertisch steht ein Kind auf (A). Jedes sitzende Kind (B) schreibt eine Rechnung nach Wahl oder nach Vorgabe des Lehrers auf (z. B. nur Minusaufgaben bis 100). Wenn Kind B fertig ist, meldet es sich. Nun kommt ein Kind der Gruppe A, das von B zu B geht und prüft, welche Rechnung gelöst werden kann. A nennt B flüsternd die Lösung. Nickt B, setzt sich A auf dessen Platz und schreibt die Lösung und seinen Namen hinter die gestellte Rechnung. Nachdem B nochmals kontrolliert hat, geht B nun seinerseits auf Suche nach einem neuen Platz. Inzwischen hat Kind A unter die gelöste Aufgabe eine neue Rechnung geschrieben und meldet sich, damit jemand mit ihm wieder den Platz tauscht.

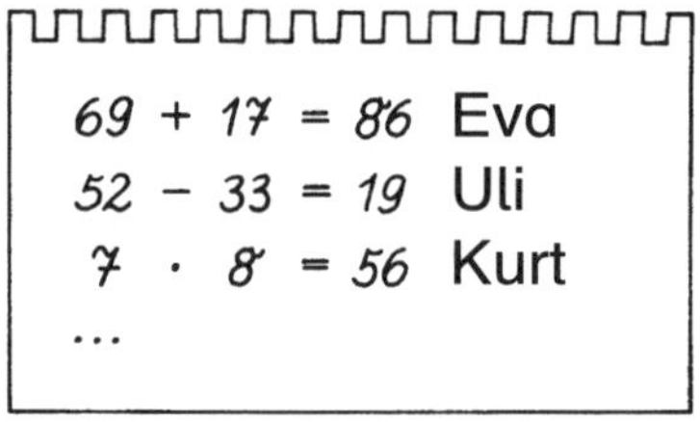

Hätte Kind A eine falsche Lösung genannt, müsste Kind B den Kopf schütteln. A versucht dann, die richtige Lösung zu finden, oder geht, wenn dies nicht gelingt, zu einem anderen Kind.

Das Spiel lässt sich jederzeit abbrechen. Die Blätter mit den Aufgaben können zuerst von guten Rechnern freiwillig „vorgeprüft“ werden, bevor der Lehrer sie korrigiert. Da jede Lösung den Namen des Rechners trägt, kann diesem die falsch gelöste Aufgabe zur Berichtigung gegeben werden.

Kommentar: Das Spiel ist leicht erlernbar und ohne jeden Aufwand durchführbar. Abgesehen von der Möglichkeit zum Sich-Bewegen als Ausgleich zum Stillsitzen, zeichnet es sich durch Fördern der Eigeninitiative aus. Jeder bestimmt selbst, welche Rechnung er aufschreibt. (Gute Rechner gehen dabei gerne über den erarbeiteten Zahlenraum hinaus!). Zum anderen bestimmt auch jeder selbst, welche Aufgabe und wie viele Aufgaben er löst. Beobachtet der Lehrer ein Kind, das sich offensichtlich „drückt“, kann er es persönlich anspornen. Man kann auch versuchen, den Eifer durch das Ziel „Wessen Name steht am häufigsten auf den Blättern?“ zu wecken. Aber meist lassen sich die Kinder von der allgemeinen Begeisterung mitreißen.

49 *Kegelspiel* (2/3) P/G

Ziel: Addieren (Zehner-Einer plus Einer, Zehner-Einer plus Zehner-Einer bis über 100)

Material: für jedes Paar oder jede Dreiergruppe je einmal die Cuisenaire-Stäbe von zwei bis zehn (als Kegel), ein Schusser oder kleiner Ball, Schreibzeug

Zeit: ca. 30 Min.

Verlauf: Die Kegel werden nicht zu eng aufgestellt, am besten auf dem Fußboden, dann kann die Kugel nicht vom Tisch fallen. Der erste Spieler rollt die Kugel, zählt die Werte der umgefallenen Stäbe im Kopf zusammen (z. B. 8 + 6 + 4 + 3 = 21), notiert seine Zahl auf dem Blatt (Abb.) und stellt dann die Stäbe wieder auf. Nun kegelt der nächste Spieler und verfährt ebenso. Ist Kind 1 wieder an der Reihe, notiert es wieder die von ihm erreichte Summe und zählt die beiden bisherigen Zahlen von Spiel 1 und Spiel 2 zusammen.

Nach dem 3. Spiel wird zu dieser Summe sofort die neue Zahl addiert usf. Wer ist zuerst am nächsten bei 100 (150, 200)?

Varianten:

- Die erreichten Zahlen werden von einer vereinbarten Zahl (100, 150, 200) abgezogen, bis 0 (50, 100) erreicht ist.
- Die einzelnen Werte der umgefallenen Stäbe werden mit einer vereinbarten Zahl multipliziert (z.B. mit 8). Die erhaltenen Produkte werden untereinander notiert. Drittklässler können diese addieren und so jeweils den Rundensieger feststellen. Zweitklässler vergleichen der Reihe nach ihre Produkte, wobei jeweils die größte Zahl eingekreist wird. Gewonnen hat dann, wer die meisten eingekreisten Zahlen hat.

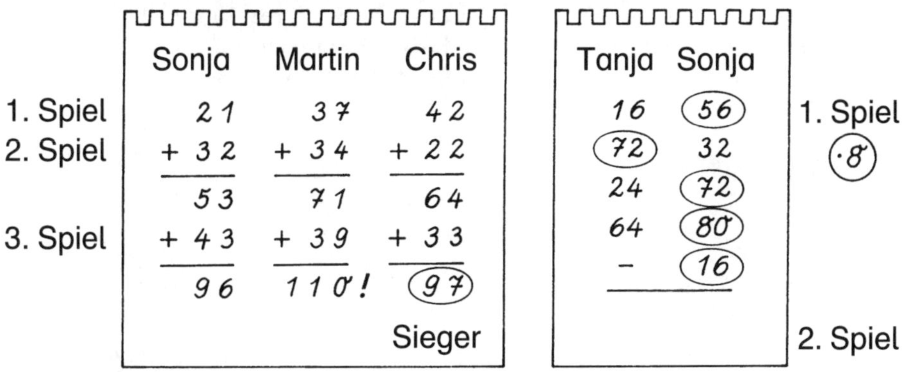

Nun beginnt eine neue Runde.

50 *Zahlenzauber* (4) E

Ziel: Schriftliches Addieren und Subtrahieren
Material: Papier, Stift
Zeit: variabel

Einführung: Der Lehrer kündigt einen Zahlentrick an: „Egal, mit welchen Zahlen ihr rechnet, ihr werdet alle das gleiche Ergebnis haben. Dieses Ergebnis schreibe ich jetzt an den umgeklappten Tafelflügel (1089).“ Nacheinander sagt der Lehrer nun folgende Schritte an, die er am besten mit einer beliebigen Zahl gleichzeitig an der Tafel demonstriert.

- Jeder schreibt eine beliebige dreistellige Zahl mit drei verschiedenen Ziffern auf! (Evtl. vorlesen und vergewissern, dass jeder eine andere Zahl hat.) 346
- Dreht jetzt die Zahl um, sodass die erste Ziffer zur letzten wird und umgekehrt. Schreibt die Zahl auf! 643
- Zieht jetzt die kleinere von der größeren Zahl ab! –346

297

– Dreht das Ergebnis wieder um!	792
	297
– Zählt die beiden letzten Zahlen zusammen!	+ 792
– Welches Ergebnis habt ihr erhalten?	1089

Nun wird die Tafel aufgeklappt.
Anschließend schreibt jeder für den Nachbarn eine Zahl auf, mit der dieser ebenso rechnet und die „Hellseherei" mit anderen Zahlbeispielen belegt.

Was wir zählen und messen können:

Wie viele Kinder in unserer Klasse sind.
Wie viele Fenster unser Haus hat.
Wie schnell ein Flugzeug fliegt.
Wie tief das Meer ist.
Wie schwer ein Stein ist.
Wie lang eine Straße ist.
Wie hoch die Wolken sind.

Was wir nicht zählen und messen können:

Wie viel Liebe in einem Kuss ist,
den die Mutter dem Kinde gibt.
Wie viel Angst einer hat, wenn er allein ist.
Was ein gutes Wort wiegt.
Wie teuer ein guter Freund ist.
Wie schwer es ist, wenn uns keiner mag.
Wie tief eine Lüge uns verletzen kann.
Wie groß eine Freude sein kann.

(Günther Weber)

(aus: Wie wir Menschen leben. Herder Verlag, Freiburg/Br.)

Vorschläge zum Pfänderauslösen

Während des Spiels haben die Kinder möglichst nicht zu große Gegenstände als Pfänder abgegeben, die in einer Schachtel gesammelt und mit einem Tuch bedeckt werden. Ein Kind wählt unter dem Tuch einen Gegenstand aus, nimmt ihn in die Hand, spricht dazu „Was soll das Pfand in meiner Hand?" und ruft ein Kind auf. Nach dessen Antwort wird der Gegenstand hochgehalten, und das betreffende Kind muss die angegebene Tätigkeit ausführen. In der nächsten Runde darf es dann das nächste Pfand unter dem Tuch auswählen. *Beispiele:*

- Einen Schnellsprechvers oder das Abc ohne zu stottern aufsagen
- Auf einem Bein hüpfend, jedem die Hand geben und ein Kompliment machen
- Ein Lied vorsingen oder ein Gedicht aufsagen
- Die Büchertasche aufsetzen und auf einem Bein einmal im Zimmer ringsherum hüpfen
- Im Stehen oder im Sitzen eine Hand linksherum und einen Fuß rechtsherum kreisen lassen, während die anderen bis zehn (oder bis 20) zählen

- Roboter spielen: Das Kind lässt sich von einem Mitschüler seiner Wahl durch Befehle führen, z.B. links, stopp, rechts, stopp, geradeaus, stopp, rückwärts, stopp … Aus!
- Magnetspiele: Das Kind ist ein Magnet und geht durch die Klasse. Alle werden vom Magneten angezogen und bleiben an ihm kleben. Alle folgen dem Magneten und versuchen, ihn nicht zu verlieren.
- Das Abc rückwärts aufsagen oder vorwärts und dabei immer einen Buchstaben auslassen
- Einen Witz erzählen
- Einen Lesetext nach eigener Wahl vorlesen
- Einen lustigen Satz an die Tafel schreiben

Literatur

Floer, Jürgen (Hrsg.): Arithmetik für Kinder. Materialien – Spiele – Übungsformen. Beiträge zur Reform der Grundschule, Band 63. Frankfurt/M 1985

Floer, Jürgen/Haarmann, Dieter (Hrsg.): Mathematik für Kinder. Grundlegung – Beispiele - Materialien. Weinheim 1982

Gnirk/Homann/Lubeseder: Strategiespiele für die Grundschule. Hannover 1970

Homann, Gerhard: Lernspiele im Mathematikunterricht. In: Die Grundschule 1980/ Heft 3

Leutenbauer, Helmut: Das praktische Übungsbuch für den Mathematikunterricht in der Grundschule. Donauwörth 1982[2]

Radatz, Hendrik/Schipper, Wilhelm: Handbuch für den Mathematikunterricht an Grundschulen. Hannover 1983

Schnauder, Johann: Lernspiele zur neuen Mathematik in Grund- und Hauptschulen. Ansbach 1980

Stichwortverzeichnis der Spiele

Die Ziffer nach dem Titel gibt die jeweilige Nummer des Spieles an.

Stichwortverzeichnis der Lieder

Die Ziffer nach dem Titel gibt die jeweilige Nummer des Spielliedes an.